給孩子的 下
中國神話故事

嘩！乒乒乓乓！
仙界大作戰

王文華／著　九子／圖

目次

作者的話

神仙什麼時候來找我呢？

王文華

神話，是古人對世界的想像，也是遠古人們的一頁歷史。

孩子閱讀，繞不開神話這座山，原因就在：學習文化需從源頭學起，想快速了解某種文化，閱讀神話是最快最扎實的終南捷徑。

更何況，孩子是喜歡神話的，沒有大人忍心向六歲的孩子宣告：世上沒有聖誕老人，聖誕樹下的禮物，其實是爸爸媽媽幫你準備的。

沒有吧？

在神話故事裡長大，是童年的權利

反之亦然，我們跟孩子講起后羿求仙丹、嫦娥奔月宮的故事，孩子的眼裡會有光，彷彿當年的遠古洪荒，人們望著天空，發揮想像……

未來，孩子會有一輩子的時間去了解：月球只不過是宇宙裡一顆冷清的大石頭，上面沒有仙女也沒有兔子，更沒有傻到天天拿著斧頭砍樹的吳剛。但在他童年的時候，講一則神話，讓孩子在神話故事裡長大，是童年的權利。

和希臘羅馬、北歐神話不同，中國的神話既多且雜。西洋的神話有自已的體系，他們基本上就是一個家族的故事：宙斯生下來就是神，除非神犯了極大的錯誤才會被貶去當凡人，否則，神一出生就是神。

中國的神話就複雜多了，八仙是八個不同的神仙，他們不是一家人，彼此是朋友、師徒與道友的結合，因此，很難有一套體系把中國神話講清楚。東一位、西一位，儒道佛釋百家爭鳴。原因出在中國實在太大了，古代交通又不便，於是古人各自發揮想像力，東一位、西一位的把神仙給變出來。

孫悟空有七十二變，但神話的想像魔法裡，應該有千千萬萬變吧？

女媧補天時煉了幾顆石頭、剩下的石頭變成孫悟空還是賈寶玉、女媧和伏羲究竟是兄妹還是夫妻……嗯，這麼多變，直到現在，我也研究得很快樂。

只要肯努力，人人有機會當神仙

我在寫作中國神話時，從中體會到一件事：西洋神仙出生就是神，凡人沒機會；

中國神話不同，只要肯努力，就有機會登上仙島當仙人。

你看，宙斯喜歡談戀愛，宙斯太太是全世界最大的醋桶子，但是，他們依然是神。

中國的神仙體系是不同的神仙觀，做將軍的能變神（關羽），孝順父母做好事的能成神（媽祖），上山訪仙能當神（呂洞賓），偷顆仙丹可以升天（嫦娥），甚至連書裡的想像人物都能當上神仙（孫悟空）。

真的，我記得小學三年級那年，我讀了《西遊記》，終於知道一個天大祕密，特別回家問我媽：「老媽，我們家怎麼會拜一隻猴子呢？」

老媽K了我一下，要我別亂講話，她說齊天大聖怎麼會是猴子呢？

可是我知道啊，我媽沒讀過西遊記，但我讀過了，我知道，孫悟空真是書裡的人物，而我家二樓神明廳真的是供奉齊天大聖啊。

齊天大聖不就是猴子精嗎？

這樣的神話體系，融進的是古人對人們的期盼：修好品德，助人為樂，人人都能變神仙。

你看，中國神話是不是比較公平？只要願意遵守成仙之道，人人都有機會。所以中國神仙喜歡化妝成普通人，下凡考察人們有沒有善良、懂不懂分享，只要有這些美德，都有機會長生不老，永登仙境。

我真的相信這些的，直到現在都還禮讓弟妹、孝順父母，在學校也認真教書敬老扶幼，因為我內心的小宇宙相信：誰知道哪一天，神仙下凡來找我，我得做好萬全的成仙準備啊。

了解多元文化，腳步更堅定、有信心

天上眾神，百仙百面，性格脾氣都不同，有的神像女媧、神農具有悲天憫人之心；共工和祝融愛吵架，害得世界大亂；夸父爭強鬥勝，最後逐日累死自己；而小精衛有毅力，海不填平永不放棄。

神話裡的人物，其實就像我們一般人，他們也有喜怒哀樂，也有不滿、憤怒與開心的時候。說是神，其實就是一個個我們生活中最最普通的人，只是他們多了一些能力和勇氣，多了一些堅持和奮鬥，於是世界在他們的改變下就不一樣了。

給孩子閱讀中國神話，親近這些代代流傳的故事，這是一步步理解世界的過程。

孩子離不開神話，因為節慶裡有神話的影子，日常生活裡有神話留下來的習俗。

閱讀神話，了解文化起源，由此出發，孩子的腳步會更堅定、有信心。

第17課

一出生就是小老頭

一人一青牛，老子出關去

老子是春秋末期的人，距離貪玩的周穆王，晚了三、四百年。

關於老子的神話故事很多，但很零碎。

就說老子出生吧。常人出生，母親懷胎十個月；老子不一樣，他在媽媽的肚子裡待了七十二年！這胎也未免懷太久了！如果放到現代，應該算是個異形異種的。

當年也沒有婦產科，老子媽媽等了七十二年，最後才讓人剖開她左邊腋窩，抱出個白髮白眉白鬍子的「娃娃」。

這個娃娃，模樣像個小老頭，所以就叫「老子」。

對了，老媽媽是在李子樹下生的娃娃，老娃娃一誕生，指著那棵樹說：「媽媽，您就拿它幫我取名吧。」

一出生的娃娃會說話？

當然啊，他待在媽媽肚子裡七十二年嘛。

於是，後來老子就姓「李」。至於他的名字「聃」，又是怎麼來的呢？

據說老子的耳朵又長又大，有人說他的耳朵長達七寸，耳能垂肩。照古代說法，這是極有福氣的象徵，足以和大耳國的人相比。因此，這個出生會說話的娃娃，就叫「李耳」，又名「老聃」，意思就是耳朵長長往下垂的樣子。

老子在古人的傳說中，簡直像個神仙。

說他騎了白鹿，走進娘胎裡。

說他能夠隨時隱形，誰也看不見他。

說他誕生的地方有九口井，人們不管打哪一口井的水，其他八井都會跟著晃蕩起來。

歷史上，老子比孔子出生得更早，他做過周王的守藏史，相當於現代的國家圖書館館長。

當年沒有紙，圖書館的書應該是一卷一卷的竹片或木片。當年應該也沒多少「本」書，所以有一天，老子做膩了圖書館館長，官帽一扔，決定回家隱居讀書去。

孔子五十一歲的時候，有一次帶著學生周遊列國，就特別來找老子，向他請教「道」的學問。這兩位當代大師的會面，就像兩顆彗星在空中偶遇。孔子講的「道」是人世間的道，老子說的「道」是升天當神仙的道，兩人道不同不相為謀，話不投

機，最後還是分手了。

雖然分手，孔子對老子的學問還是很佩服，他從老子那裡學了不少東西，所以人們都說老子是孔子的老師呢。

孔子走後，世界局勢大亂，今天你打我、明天我攻你。老子搖搖頭，決定到更遠的西方去閉關。他料理了家事，帶了點簡單的行李，牽出青牛，坐上薄板車，向西方的函谷關出發。

關尹喜成仙

把守函谷關的是個修道人，名叫關尹喜，他平時修仙慕道，也懂一點道家的法術。這天他掐指一算，料到有個真人要從關前過，一早起來就在關上眺望。

等呀等呀，東邊有道紫氣徐徐而來。到了中午，果然看見老子駕著青牛薄板車，慢條斯理的準備過關，而且他似乎還半閉著眼，搖頭晃腦的在車上打瞌睡呢。

關尹喜大喜過望，知道這個大耳朵的老頭子，正是他日夜盼著的高人。他急忙走下關口，和屬下把老子留下來。這一留就是好幾天，除了請老子吃豐盛的飯菜，還自願帶他瀏覽函谷關的美景。剩下的時間關尹喜也沒閒著，拿著刀筆和竹片，好說歹說求老子非得給他寫點什麼不可。

老子沒辦法，拿起刀筆，花了十幾天的功夫，在竹片上留下「道可道，非常道，名可名，非常名……」這篇五千多字的文章。老子交了卷，好像孩子考完期末考，終於可以走出函谷關，朝西域隱居去。

臨行前，他對關尹喜說：「你好好讀這些文章，讀滿一千天後，到成都青羊肆來找我吧。」

關尹喜一聽，乖乖念書修道，一千天後，果然去了成都找老子。

成都很遠，關尹喜翻山越嶺到了青羊肆。才進門口，就見到老子騎著一頭青羊從空中冉冉下降，點化關尹喜成仙。後來人們在關尹喜遇見老子的地方修了一座道觀，叫「青羊觀」，現在叫「青羊宮」。

如果你去那裡，還能見到一對青銅鑄成的羊。那當然不是當年的青羊，但人們不管，遊客進了青羊宮，總要摸摸那兩頭青羊，因為人人都希望有朝一日也能成仙。歷經這麼多年，雖然不知道有幾人成了仙，但是兩頭青羊都被摸得閃閃發光，成了金羊啦。

神話小知識

老子與《道德經》

老子是春秋時期的偉大思想家、哲學家，他主張遵循大自然的規律，人與自然和諧相處，無為而治，讓一切順應自然規律的發展。大家常聽到的：「禍兮，福之所倚；福兮，禍之所伏。物或損之而益，或益之而損。」就出自流傳兩千多年的《道德經》。

《道德經》就是老子在關尹喜哀求下，留下的那些文章。《道德經》分上、下兩冊，上冊三十七篇，主要是「道經」，下冊四十四篇則是「德經」。《道德經》的思想要義為「道是德之本，德是道之術」。

這部跨時代的作品思想包羅萬象，在不同的時代被解釋成不同的含義，是中國古代哲學經典的代表，也為後世的哲學思想發展產生了深遠的影響，和《易經》、《論語》被認為是對中國人影響最深遠的三部思想巨著。根據統計，《道德經》是被翻譯語言第二多的作品，僅次於基督教的《聖經》。

第18課

孔家窮遊團

尋找失落的理想國

不速之客

孔子見過老子後，老子出關去西域，孔子呢，帶著幾個學生，繼續展開他艱苦卓絕的周遊列國之旅。孔子的西遊跟周穆王不同，周穆王是有錢的君王，享受的是八匹駿馬拉的特快車；孔子口袋根本沒有銀兩，他是想實現自己的理想，只盼找到願意支持他的君王，讓他實行自己的治國計畫。

窮遊列國，沒有預訂好的旅館，沒有舒服的交通，更別提一日三餐了，很多時候還要餓肚子，最慘的那次在陳國……

當時孔子窮遊列國多年，老是遇不到適合的明主。如果你讀過《失落的一角》就知道，要找到情投意合的國君有多困難！最後，他只能暫時停在陳國和蔡國之間，找了個村子住下來。

「哪個國王懂我的苦心呀？」孔子常常仰望天空，不斷問自己。

嘿，就這麼巧，這天，孔子才問完自己，楚王就派人來邀請他了：「楚王想見見您，聽您說說話。」

孔子很開心，多年的心願終於得以實現，立刻就想帶著弟子去楚國。

陳國和蔡國的大臣知道消息後：「不行，不行，萬一孔子去了楚國，楚國強大了，我們怎麼辦？」

兩國立刻聯合派出軍隊，包圍孔家窮遊團。不過呢，這個陣仗很奇怪，包圍是包圍了，卻是既不殺也不抓，只是團團圍住，只想把他們活活餓死。

包圍了七天，孔子他們帶的糧食早就吃完了，弟子拔了野草來煮野菜粥。嗯，野菜是有啦，粥湯裡卻見不到幾粒米。

有天晚上，大家唏哩呼嚕的喝了半碗野菜粥，全都垂頭喪氣的坐在地上。屋外星子滿空，咕嚕咕嚕餓肚子的聲音此起彼落，只有孔子，依然心平氣和的坐在蓆子上彈琴呢。

或許你會想，肚子餓了還有人彈琴，那不是很詩情畫意嗎？

嗯，你可能沒有餓過肚子。餓著肚子還聽音樂，應該愈聽愈煩吧？只是大家都不好意思說，畢竟那是孔夫子，是自己的老師啊。

就在古琴快一聲慢一聲叮咚時，門突然被人打開了。那是個九尺高的壯漢，頭戴一頂高帽，一進門就大聲呼叫。大家嚇一跳，以為陳、蔡兩國軍人殺進來了。

有事弟子服其勞。孔子有個弟子名叫「子貢」，他硬著頭皮攔下怪人：「先生何許人也？」

壯漢不回答，只用一雙綠幽幽的眼睛望著他，看得子貢心裡發毛。看了一會兒，壯漢突然大吼一聲，伸手一抓、往上一提，把子貢挾在自己腋下，子貢大聲求救，怪人卻轉身就想走。

孔子的弟子中，子路最勇敢，他提了寶劍追上去。哪知道怪人卻把子貢當成武器，順勢一推，子路怕傷了子貢，棄寶劍，空手抓住子貢。

怪人不放手，子路也不放手，子貢當場變成人肉拔河繩，兩人你來我往拔了好一陣子之後，終究是子路力氣大，搶到子貢後放地上，空手再戰壯漢。

子路勇猛力大，但壯漢身形靈活，閃躲起來簡直像條魚。子路好多次都快擒住他了，卻都在千鈞一髮之際被他逃脫了去。

雙方纏鬥好久，屋子裡的人全擠到院子觀戰。孔子看著看著，發現壯漢的腋窩總是一張一合，他愈看愈覺奇怪，便向子路喊：

「手伸進他的腋窩，抓住他！」

子路一聽，把手插進壯漢的腋窩裡，牢牢抓住他的肋骨，用力一拖。壯漢失去重心，站不住，一跤跌到地上。一看，原來那不是人，是條大頭鰱，從頭到尾足足有九尺長。

大頭鰱在地上彈跳幾下，便死了。原來子路抓住的是牠的鰓，兩邊各有一條鰭，大概是牠用來戰鬥的胳膊。

弟子見了這情景，莫不嘖嘖稱奇。孔子點點頭說：「這怪東西怎麼來的呢？我聽說凡是事物老去，各種精靈鬼怪都會來附身，因此變成精怪。大頭鰱應該就是成精的老怪吧。或許因為我時運不濟，牠才想來趁火打劫，跑到這裡向我們搗亂。今天既然被我們抓住，大家肚子又餓，這是妖怪自動送上門來的糧食……」

孔子說到這兒，弟子都懂了。砍柴的砍柴，升火的升火，殺魚的殺魚。孔子呢，坐回蓆子上，叮咚彈起琴來，那情景說是被圍困嗎？不，倒像在過節日呢！

尋找杜三娘

陳、蔡兩國圍了孔子多日，發現他們不但沒有餓死，愈圍困他們的精神愈好。無可奈何，只好派人送他們一顆九曲明珠，說是只要能夠用線穿過這顆珠子，就撤走軍隊，還派人送他們去楚國。

「九曲明珠」意思是珍珠裡頭有個彎彎曲曲的小洞，這要怎麼穿線呀？

孔子雖然學問好，卻也沒見過這種珠子，和弟子研究了好久，用絲線不斷的實驗，柔軟的絲線卻怎樣也穿不過去。

「哦，我想起來了，」孔子突然說：「大家還記得嗎？前陣子我們剛到陳國時，見過兩個採桑的姑娘，我曾和她們開玩笑，隨口說了一句：『南枝窈窕北枝長』，那個年紀較的姑娘回我：『夫子行陳必絕糧，九曲明珠穿不得，回來問我採桑娘。』」

「先生這一說，是有那麼一回事。」幾個弟子點點頭。

「那時不以為意，原來應在這時。我看，我們還真的得回去找她不可。」

孔子一說完，子貢自告奮勇，願意承擔這個任務。他躲開包圍的軍隊，回到那棵桑樹下。只是過了這麼久，姑娘早已離開，他又不知道姑娘的名字，怎麼找人呢？

他在樹下徘徊，突然發現樹下堆了一大堆土，不遠的地方還有三堆小土堆，「樹下一堆土，那是個杜字吧？三堆土，難道姑娘是第三個女兒，所以叫做……杜三娘？」

子貢像解字謎般的瞎猜，他根本沒把握，說不定土堆是螞蟻窩呢。總之，他就用「杜三娘」這個名字向樵夫打聽，樵夫一聽，搖搖手，只吟哦了一首詩：

蘆塘荻渚繞華房，
瑤草疏花傍粉牆，
行過小橋流水北，
其間便是杜家莊。

子貢是聰明人，一聽這詩就知道是古代版的「google 地圖」。他照著詩句的意思，過了小橋，找到杜家莊，拍拍那間被花草圍繞的屋子，開門的人卻說：「姑娘不在家，但她有顆西瓜送孔夫子。」

「西瓜？這什麼意思呀？」

子貢看看瓜，突然拍拍自己額頭：「送我西瓜，西瓜裡有瓜肉，也有瓜子，那意思是……人在家裡沒出門？」

「姑娘姑娘，請出來。」子貢拍拍門，門「咿呀」一聲開了，這回來應門的，真是久違的杜三娘。

「孔夫子受困了吧？」杜三娘笑著問。

子貢心裡急呀：「姑娘，救人要緊，妳有什麼方法，能讓絲線穿過九曲明珠，快說吧！」

「穿針線一點也不難，你們幾個男人家……」

「我們試了幾百遍，明珠洞裡彎彎曲曲。」

「拿絲線沾點蜜，找隻螞蟻，把線拴在螞蟻的腰上，九曲明珠再彎，螞蟻也能鑽出來。」

「如果螞蟻不鑽……」

杜三娘白他一眼：「用煙一燻，牠就爬啦。」

子貢回去，把辦法向大家一說，照著她的方法，線果然穿過九曲明珠洞。

「三人行，必有我師，小小的採桑姑娘，也有好學問呢。」孔子坐在車上，叮咚彈琴，笑著看看大家。

絲線穿過九曲明珠洞，陳、蔡兩國只好信守諾言，撤了軍，派人送他們到楚國。

神話小知識

孔子與《論語》

孔子，姓孔，名丘，字仲尼，春秋時期魯國人。孔子是中國古代偉大的思想家、教育家，也是儒家學派創始人，在文學、史學、教育、政治上，都有很大貢獻。

孔子曾以私人身分招生講學，創辦了中國歷史上第一所私人學校，培養了弟子七十二人；他的教育理念是「有教無類」、「因材施教」，選編了《詩》、《書》、《禮》、《樂》、《易》、《春秋》作為教材；並將弟子分為「德行」、「言語」、「政事」、「文學」四科教育。

孔子也曾從政，但他的政治思想遠比從政的實踐更加出色、也更有影響力。孔子的政治理想是實現「天下為公」的大同社會，再者實現「天下有道」的小康社會。自漢代以降，一直被奉為治國平天下的指南，也是兩千多年來，主導中國政治文明的思想。

孔子去世後，他的弟子及再傳弟子，把孔子及其弟子的言行語錄和思想記錄下來，整理編成儒家經典《論語》。《論語》裡面有許多大家耳熟能詳的經典名言，以下這些，不管是寫作文或口語表達時，你是不是都用過？

◆學而不思則罔，思而不學則殆。

◆君子成人之美，不成人之惡，小人反是。

◆道不同，不相為謀。

◆有朋自遠方來，不亦樂乎？

◆君子坦蕩蕩，小人常戚戚。

◆君子和而不同，小人同而不和。

◆己所不欲，勿施於人。

◆三人行，必有我師焉，擇其善者而從之，其不善者而改之。

◆吾十有五而志於學，三十而立，四十而不惑，五十而知天命，六十而耳順，七十而從心所欲不踰矩。

◆不遷怒，不貳過。

◆三軍可奪帥也，匹夫不可奪志也！

◆人無遠慮，必有近憂。

◆欲速，則不達；見小利，則大事不成。

◆巧言令色，鮮矣仁。

第19課

古代X戰警

懂鳥語的公冶長

都是鳥兒惹的禍

「清清溪邊有人肉。」

「快到清清溪邊嘗人肉。」

公治長走在樹林裡，聽見樹上一群鳥兒這麼說。他心裡雖然覺得納悶，但因為還有別的事，不便久留，所以也沒去查看。

這個公治長，是孔子的學生，他懂鳥雀的語言。

如果放在現代，懂鳥的話，應該是一種特異功能，可以去演X戰警。

但在古代，那可不一定，說不定還會惹禍上身。所以，公治長平時也沒到處向人賣弄這項專長。

公治長快走出樹林時，遇見一個傷心的老婆婆，她拉著公治長問：「看見我兒子了嗎？看見我兒子了嗎？」

原來，老婆婆的兒子前天到樹林來砍柴，卻一直沒回家，她尋到這裡來，但樹林這麼大，她找來找去找不著兒子。

「您別急。」公冶長說：「我剛才聽見樹林裡的鳥兒在呼喚，說什麼要到清清溪邊找人肉，您到溪邊看看，是不是您的兒子。」

「你是什麼人，怎麼聽得懂鳥的話？」

「在下公冶長，聽得懂鳥的話。」

老婆婆一聽，急著去溪邊看看。唉呀，溪邊有具屍首，她走近一看，是自己的兒子！老婆婆呼天搶地的哭起來，一狀告到縣衙去。

「咦，妳怎麼知道兒子死在溪邊？」縣衙問。

「路上遇見公冶長，是他告訴我的。」

縣衙一聽，驚堂木一拍：「來人呀，一定是公冶長殺人，否則怎麼會知道得這麼清楚呢？」

於是，公冶長被帶進縣衙。縣衙看他年紀輕輕，又長得斯斯文文。

「你怎麼會犯殺人重罪？」

「我是讀書人，不會殺人，請大人明鑑！」公冶長把樹林裡聽見的鳥雀叫聲，一五一十向縣衙解釋。

「鳥雀會說話？」縣衙沉吟著。他沒遇過這種事，既然沒遇過，那就：「來人啊，先把公治長關起來，等找到證據再說。」

人被關起來，怎麼能出去找證據？

縣衙的話，分明就是要把公治長關好關滿啊。

可憐的公治長，足足在牢裡關了六十天。他天天仰望監獄那一小塊天窗，天窗外有藍天、有白雲，就是沒鳥飛過去。

第六十一天，天窗上飛落幾隻麻雀，牠們飛進牢裡，吱吱喳喳的聊著天。公治長聽了，微微一笑，什麼話也沒說。

獄卒覺得奇怪，急忙去稟報縣衙。

「你聽見什麼啦，什麼事這麼好笑？」縣衙大搖大擺的問。

公治長微微一笑：「剛才麻雀在這兒說，白蓮河邊有輛牛車翻了，拉車的牛，斷了一根角，車上的麥子倒了一地，一半陷在泥裡，一半掉在岸邊，牠們呼朋引伴準備開宴會呢。」

「你關在牢裡，怎麼可能知道這種事？簡直是一派胡言。」

縣衙不相信，指派手下去調查。不久，來人回報，白蓮河邊果然翻倒了一輛牛車，無數的雀鳥正在啄食掉落的麥子。

這下子，縣衙終於相信他是個奇人，真的聽懂得鳥語，這才放了他。

聽鳥語立大功

公冶長回到家裡，他是讀書人，家裡沒有多少錢。這一天，飛來一隻烏鴉，繞著公冶長的屋子叫：

公冶長，公冶長
南山有隻死山羊
背回家中煮煮湯
你吃肉來我吃腸

公冶長一聽，跑到南山邊，果然看見一頭被老虎咬死的山羊。他用長繩將羊拖回家，把肥羊煮成一鍋湯，和烏鴉分享吃了一餐。

沒想到，那隻山羊是別人家養的，他們走失了羊，四處尋找。他們來到公冶長的家中，發現他掛在牆壁上的羊角，上頭的記號正是自家的山羊。羊主一狀告到了魯國君王的面前：「公治長偷了羊，君王您要作主啊。」

魯君傳了公治長去問話，公治長強調一切都是聽了烏鴉的話。魯國的君王不相信：「烏鴉會講話？你聽得懂？」

結果，公治長又因為聽懂鳥語，再度入獄。

孔子知道這件事後，找上魯君，保證自己學生的清白。孔子了解公治長的為人，他勤奮善良，怎麼可能做出這種事來？

「吃羊是事實，偷就是賊，賊就該關起來。」

魯君擺擺手，命令孔子退下，孔子也只好嘆息一聲，回家去了。

公治長在監獄裡百般無聊，然而這天，又有隻烏鴉在窗外叫著：

公治長，公治長
齊人出兵侵邊疆
沂水上，峄山旁
快去抵禦莫徬徨

公冶長急忙把烏鴉的話向獄吏說了，請獄吏轉告魯君。魯國君王一聽，半信半疑，不肯輕信。因為這件事牽連太廣，齊國與魯國的邊界相連，一向和睦相處，怎麼可能派兵犯界……

魯君還在想，探子回報，說是探得沂水邊有大批齊兵，峰山旁也見到齊國人馬的蹤影。

魯君嚇了一跳，趕緊派兵準備抗敵。

齊國本來以為魯國什麼也不知道，突襲將成。到了邊界卻發現魯國的士兵早有防備，躲在高處的軍隊更不知有多少。齊軍統帥擔心中了埋伏，這才帶兵回國。

「先生受驚了。」魯國國君拉著公冶長的手：「寡人有眼無珠，不知先生真是當世高人。」

論功行賞，能讓齊國退兵，公冶長的功勞第一。魯君準備封他個大官，可是謙虛的公冶長卻說自己只懂鳥語，並不懂如何當官，向魯君再三辭謝，終於還是以一個平常人的身分回到家裡。

因禍得福的是，孔子看重公冶長的才德，後來把女兒嫁給他。

神話小知識

公冶長　懂鳥語的公冶長是不是很酷？歷史上，公冶長是孔子的弟子，為七十二賢之一，名列第二十。

孔子把女兒嫁給這個諸城的窮小子，當然不是因為他懂鳥語。公冶長自幼家貧，但他勤儉節約，聰穎好學，博通書禮，德才兼備，終生治學不當官，孔子非常賞識。

公冶長一生治學，魯國國君曾多次請他出任大夫，但他從未接受，而是繼承孔子遺志，教學育人，成為著名的文士。

第20課

湯鍋裡的三顆頭

名劍干將與莫邪

王妃的小鐵塊與神獸的鐵丸子

孔子生活在春秋晚期，那時南方有兩個小國——吳國和越國，這兩國發生一場激烈的戰爭，吳國被越王勾踐滅了。吳國鑄劍大師干將帶著妻子莫邪逃到楚國，繼續為楚王鑄劍。

有一天，楚王給了干將一塊鐵，說是王妃在園子裡乘涼時，倚在鐵柱旁，心有所感生下的怪東西：「你試試能不能把它打造成兩把寶劍？」

倚在鐵柱旁，生下小鐵塊？

「這有可能嗎？」干將心裡一肚子疑問，但又不敢問楚王，只好仔細檢查，說：「鐵，是塊好鐵，想造兩把劍，似乎不夠……」

楚王笑著說：「別急，別急，近日宮裡不平靜，怪事特別多。你看看這個。」

楚王手裡還有幾粒烏黑晶亮的鐵丸子，干將接過來一看，只覺得沉甸異常，看起來像是什麼小動物的眼睛。

「這是鐵膽腎。」楚王解釋：「從楚國武器庫裡找到的，它可是千金難買的至寶。」

原來，在專產銅礦的崑崙山上有一種神獸，牠們的大小像兔子，平時專吃銅鐵和沙石。然而不知道發生了什麼事，這種神獸竟然鑽進楚國的武器庫裡，把裡頭的刀鎗劍戟吃掉一大半。直到楚國派人去取武器時，才抓住這兩隻搗蛋鬼。「兩隻神獸的肚子一剖開，就看見這些鐵丸子。」楚王慎重的說：「寡人得到這些礦物誠屬不易，你一定要用心打造啊。」

干將回家，仔細檢查楚王給的兩件礦物，它們不只堅硬異常，質地也很特別。於是和莫邪架起大洪爐，備好高風箱，兩夫妻日夜不休的工作了三年，兩口寶劍才鑄造成功。

當兩把寶劍從火爐裡取出來、冷卻後，上面流動的光線，簡直像秋天的河水一樣明亮，散發出冷冷的寒光。把頭髮放在劍鋒上一吹就斷，拿它來削尋常的鐵塊，就像在切泥土，真是古今少有的兩口好劍。

這是他們夫妻倆辛苦的結晶，所以就用自己的名字為寶劍命名，雄劍叫「干將」，雌劍名「莫邪」。

寶劍快要打造好的消息，傳進楚王耳裡。

楚王又是歡喜又是擔憂。歡喜有了這兩把寶劍，就可以傲視諸侯，雄霸天下；憂慮的是，若是他國君王知道，出重金來挖角，一切美夢就要落空了。

殘暴的楚王，有個殘暴的想法：在干將獻劍這天殺掉他，以除後患。

流言像秋風，傳進干將耳裡：他鑄造這兩把世間僅有的寶劍，楚王絕對容他不下，一定會殺了他。那時，妻子莫邪已經有了幾個月的身孕，干將對莫邪說：

「我替楚王造劍，三年才成功。楚王是個猜疑心重的人，怕我將來又到他國替別人鑄造寶劍，一定會找藉口殺我。我如今去獻劍，就把這口雌劍獻給楚王，雄劍我已經藏了起來。我死了之後，你若生下女孩就算了，倘若是男孩，等他長大後，就告訴他：

出門望南山，
松長石頭上，
劍在樹背後，
拔劍世名揚。

照著口訣就會找到雄劍，讓他帶劍替我報仇吧！」

莫邪萬般不捨，但干將的心意已定。她無可奈何，連夜收拾細軟，天一亮，立刻跑出城門。

第二天，干將帶著雌劍去見楚王。

「原來是讓你鑄造兩把寶劍，如今為何只有這一把？」

「大王明鑑，小人也想打造兩把劍。」干將說：「但是王妃生產的鐵塊和鐵膽數量太少，就只能鑄造這麼一把。」

「哼，你想騙我？」楚王派人找來鑄劍師，那鑄劍師仔細看看，回報：「稟大王，依這劍的樣式看來，原本應有兩把劍，一雌一雄，雌的來了，雄的卻不見蹤影。」

「欺君大罪，欺君大罪！」楚王大怒，用不著再找藉口，立刻下令處死干將，再派兵搜索他家。然而找來找去，找不到另一把寶劍，更尋不得莫邪的蹤影，這才作罷。

寶劍找出來，復仇才有望

逃到城外的莫邪，隱姓埋名的過日子。幾個月後，她生下一個男孩，這孩子的長相奇特：兩條眉毛分得很開，眉梢到眉梢間幾乎有一尺長，取名為「眉間尺」。

眉間尺長到十四、五歲，是個身強體壯的少年，有天被村裡孩子取笑，笑他沒父親，他回家問母親：

「我父親在什麼地方，你怎麼從不告訴我？」

母親被孩子這一逼，多年的心事再也忍不住：

「你父親是鑄劍大師，曾替楚王鑄劍三年，然而楚王容不下他，把他殺了。」

悲憤的眉間尺站起來：「孩兒立刻替爸爸報仇去！」

「你年紀尚小，怎麼進得了楚國王宮，過幾年再說吧。」

「母親，孩兒長大了，您讓我去吧。」眉間尺說這話時，眼神裡閃動著光芒，那堅毅的模樣，簡直像極了當年的干將。莫邪見他志向堅決，知道攔不住，就把干將臨走時說的口訣告訴他。

「寶劍找出來，報仇才能有希望。」

眉間尺聽了母親的話，回到老家。他從家門口朝南望了望，根本見不到什麼山，倒是老家廳堂前的石墩，立著一根一根的松木柱。眉間尺心想：爸爸說的「松樹生在石頭上」會不會就是這裡？

他挑了靠近門邊的一根，試拿斧頭到它背後一砍，柱子劈破了，裡頭果然有把寶劍。

「干將」雄劍重見天日，眉間尺背了雄劍、辭別母親，出門替父親報仇。

那天晚上，王宮裡的楚王也做了個惡夢：有個寬額頭的小孩，兩條眉毛相距極遠，他手裡提著寶劍，殺氣騰騰的衝來，說是要為父報仇，寶劍往楚王頭上砍落。楚王大叫一聲，從夢裡驚醒。俗話說「惡人無膽」，楚王嚇出一身冷汗，立刻懸賞重金，要捉拿夢中所見的怪男孩。

古代抓人，四處都貼著畫像，眉間尺的模樣太奇特了，即使其他地方不明顯，那寬闊的額頭、相距極遠的眉毛，還是能輕易認出來。為父報仇還沒成功，總不能先被抓進牢裡，眉間尺只好

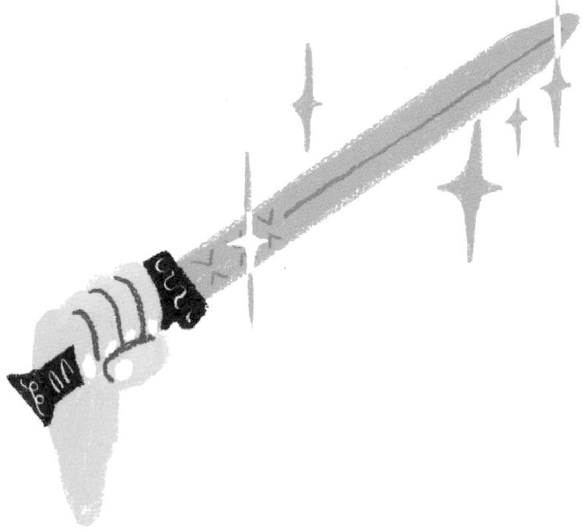

先躲進深山，等待機會到來。

然而，可憐了其他眉毛寬的人。那一陣子，楚國內只要有眉毛相距稍遠的男人，不管老少，全被楚王抓進牢裡，一個個砍了頭，這才解了楚王的擔憂。

獻上我的人頭和寶劍

不知不覺，眉間尺已在山裡躲了一段時日。他懊悔自己年輕沒經驗，一聽楚王抓人就逃掉，自己一死不足惜，父親的冤仇何時才能報呢？

想到傷心處，當場悲從中來。正在愁苦的時候，路邊突然有個瘦高的漢子經過，他問：「孩子，小小年紀，為什麼獨自在這裡悲哀哭泣？」

眉間尺看對方的樣子，不像官府裡的人，便把心事向他訴說：「楚王殺了我父親，我想替他報仇，卻找不到報仇的機會。」

漢子說：「楚王暴虐無道，你的仇就是我的仇，同時也是楚國人民的仇。我倒有一個替我們大家報仇的主意，不知道你同意不同意？」

眉間尺說：「只要能夠報仇，不管叫我犧牲什麼，我沒有不同意的。」

「我聽說，楚王懸賞千金購買你的頭顱，你如果肯把你的頭顱和這把寶劍都交付給我，我就能夠去替我們報仇。」

眉間尺看看黑衣人的神情，發現他的眼神真摯自然，相信他說的是真話。他立刻從背上抽出「干將」，向後一揮，當場割下自己的頭來，捧著自己的頭和寶劍，交給這漢子，這才仰身倒在地上，氣絕身亡。

漢子嘆息了兩聲，將眉間尺的屍身用土掩埋了，輕輕拭去寶劍上的一絲血跡，背上寶劍，提著人頭去見楚王。

楚王在富麗堂皇的大殿裡接見他：「你找到他，你真的找到他了？」

欣喜若狂的楚王，看著盒子裡的眉間尺，認為心裡的大患既然除去，以後就能高枕無憂了。楚王吩咐下人把頭拿去丟掉。漢子卻向楚王說：

「大王，這孩子的頭非比尋常，乃是一顆勇士的頭，應當放到湯鍋子裡去烹煮。若不煮爛，小人怕他會成精作怪，再來和您搗亂。」

「哼！敢到我夢裡作怪，煮爛他！快快

快，煮爛他！」

大殿外架起一口大鍋，熊熊大火煮沸了鍋裡的水，那顆頭在沸水裡浮浮沉沉。這一煮，就是三天三夜。然而不管添加多少柴薪，都煮不爛眉間尺的頭。嗯，應該不只煮不爛，連一絲皮骨、一根汗毛都沒受損。更奇特的是，這顆頭還跳出鍋外好幾次，瞪著一雙大眼，在地上滾呀轉呀。楚王看了也害怕，忙問怪客這是什麼道理。

黑衣怪客說：「這顆頭煮不爛，那是因為還有些邪祟未散，如今只有請大王過來湯鍋邊，以大王的威武，壓壓他的妖氣，自然就會爛。」

楚王有點膽怯，他哪敢去看那孩子的頭呀！但滿朝文武在列，他得顯出大王的威嚴，只好勉強壯起膽子，牙一咬、腿一邁，一步一挨，走到了湯鍋邊。剛伸長脖子往湯鍋這麼一看，說時遲，那時快，只見黑衣怪客從背上拔出寶劍，朝楚王脖子這麼一揮，楚王的頭「撲通」一聲掉進湯鍋了。

這事發生得太快，滿朝文武大臣還反應不過來，黑衣怪客隨即把寶劍朝自己一揮，又一顆頭顱掉進湯鍋裡。一時間，湯鍋沸水大盛，三顆頭顱剎時都被煮得稀爛。

大殿上的朝臣、太監、嬪妃、宮女這才反應過來。他們哭的哭、叫的叫，紛紛擾擾好一會兒，才終於有人用勺子把湯鍋裡的三顆頭顱撈起來。

只是，這三顆頭顱只剩枯骨，大小差不多相等，根本分不清楚誰是誰的頭了！

神話大人物

干將莫邪　在古代，干將、莫邪是名劍的代稱，《墨子》和《荀子》裡就分別提到這兩把劍。至於鑄劍的故事，比較常見的有三種版本。

第一種版本是雜史小說《吳越春秋》裡面提到的，吳王闔閭召來干將鑄劍，費盡心血鑄成的兩把劍，就命名為「干將」、「莫邪」，有「劍即是人」「以生命鑄劍」的意涵。第二種版本則是干寶《搜神記》裡的故事，說的是干將獻雄劍後被楚王所殺，而干將莫邪之子為父報仇的過程。這兩種版本都沒有「殉爐」的情節；最大的差別則在於背景的設定，一個是吳王，一個是楚王。

第三種版本的故事，則加了莫邪跳進爐中「殉爐」的情節，多了淒美愛情的成分。

第21課

啼血杜鵑鳥

用生命愛人民的君王

勿打杜鵑鳥

稀奇稀奇真稀奇！有一天，有個名叫「杜宇」的男人，竟然從天上掉到蜀國東南方的朱提山！

更稀奇的是，江水裡也浮出一個名字叫「利」的女孩。

一個天上落下來，一個江水浮出來，簡直是天造地設的一對，兩人情投意和，結為夫妻。不久，杜宇自立為「蜀王」，稱號「望帝」，把「郫」這個地方定為國都。

望帝是好國君，關心百姓的生活。他親自教大家種植莊稼，叮嚀農民要跟著季節變化種植，不要貿進，當然也不要懶惰。

好景不常，這年蜀國出現大洪水，不少人身家財產全被水沖走了。望帝也是人，一時間，想不出有效消除水患的對策。

沒想到，神奇的事情一件接一件。不久，江邊竟然浮出一個男人，人們以為是具屍體，見了急忙打撈上岸。神奇的是，他一上岸眼睛就睜開，手腳就能走能動，自稱是楚國人，名叫「鱉靈」，因為一不小心掉進河裡，逆水漂到蜀國來。

這件事不久也傳進京城，望帝一聽覺得神奇，便命人帶他進京。兩人一見如故，相談甚歡，望帝覺得鱉靈不僅聰明，見多識廣，而且水性奇佳。恰好境內的水患未除，便請他當蜀相，幫忙治理國家，想方法消滅水患。

鱉靈宰相做了不久，蜀國境內再度洪水來襲。因為巫山的峽谷太過狹窄，長江的河道被堵塞，洪水淹沒無數人家。

「跟我來吧！」

鱉靈親自帶著百姓對抗洪水，他們鑿開巫山，讓堵住的江水有了出路，一路從巫峽奔流到夔門外，終於平息洪水的威脅。

「愛卿，你替國家立了大功，這個帝位應該由你來擔當。」望帝親自在京城迎接他，自願禪讓王位給他。鱉靈本來不願意，但望帝說得真切，最後他只好接受，改稱「開明帝」，望帝則選擇到西山隱居。

望帝在山上隱居不久，漸漸聽到一些傳聞：

有人說鱉靈整天喝酒不做事。

有人說他對百姓殘暴，根本不管百姓生活。

望帝是個好君王，他愛民如子，不忍百姓陷入水深火熱的生活，日夜向上蒼祈求，讓他變成一隻鳥兒，可以飛進皇宮向鱉靈勸戒。

天從人願，望帝果然變成一隻杜鵑鳥，從山上飛向平地，從民間飛進皇宮，終日在枝頭上叫著：「民貴，民貴，民貴！」

杜鵑鳥叫呀叫，叫得鳥嘴都染上鮮血了，終於喚醒鱉靈的良知，勤政愛民，變成蜀國一代明君。

而可憐的望帝變成了杜鵑，再也變不回人形，但他還是照著原先的願望，在枝頭上呼喚：「民貴，民貴，民貴！」

這樣善良的鳥兒，讓四川人相互告誡「勿打杜鵑」，風俗流傳至今。下回如果有機會聽見杜鵑的叫聲，仔細聽聽，是不是在叫著「民貴」呢？

五丁力士開山

「開明帝」鱉靈把帝位傳給自己的子孫，一代傳一代，直傳到十二代的最後一個開明帝。

蜀國是個盆地，四周有崇山峻嶺，外人侵犯不易。帝位傳到十二世時，外頭的敵人不斷覬覦蜀國這塊寶地。

那時，外頭的世界天翻地覆。強大的秦國崛起，一心要併吞蜀國，幸好蜀國地勢險要，秦國幾次進攻都無功而返。

硬攻不成，秦王只好打消念頭。

但不久，突然從秦國傳來一個天大的消息：秦國出現一種很特別的金牛，牠們吃的是草，拉的卻是黃金，日日夜夜幫秦王產出幾十斤的黃金。

十二世開明帝一聽，派人去秦國，小心翼翼的問：「能不能送我們蜀王一頭會產黃金的牛呢？」

沒想到秦王很大方：「當然啦，好東西要跟好朋友分享。」

來人連忙問：「所以，大王願意送我們蜀王幾頭……」

「五頭，秦國最好的金牛。」秦王大方的說。但是他的手在半空中遲疑了一下：「寡人的金牛又大又重，要怎麼去蜀國呢？」

對呀，自古「蜀道難，難如上青天」，怎麼把這麼重的牛搬回去呢？

「大王放心，我們蜀國有五位大力士，個個力大無比，別說牛要走的路，連大象都沒問題。」

「五丁力士」的名號，蜀國人人皆知。十二世開明帝派他們立刻鑿山開路，務必要讓金牛有條寬闊好走的大道。

五位大力士不負開明帝的託負，力展神威，逢山劈山，遇石推石，不久真的開出一條康莊大道。蜀王派人歡歡喜喜的把金牛迎回蜀國去。

五頭大金牛來了。怪的是，牠們既不能走也不能動，一路都要用人力拉。好不容易拉回蜀國，開明帝親自餵牠們吃草、喝水，五頭金牛卻動也不動，仔細瞧瞧……這五頭金牛，根本就是石頭刻的牛，外頭塗上金漆。

上當了。

被騙了。

開明帝鼻子摸摸，不敢找秦國出氣。

秦王呢，不久來了一封信：

「聽說前些日子送的金牛，到了貴國全成了石牛，這是寡人的錯。金牛是上天所賜，到了蜀地水土不服，才會變成石牛。為了向賢弟賠罪，寡人願意把秦國最美的五位姑娘送給賢弟當夫人，如何？」

開明帝一聽，又樂了。他最愛美麗的姑娘，連秦王矮化他，稱他為「賢弟」也不在乎，連夜派出五丁力士，催他們快去秦國把「五位夫人」接回國。

力士帶美女，一邊欣賞風景，一邊聊天說笑好不快樂。他們路過一座大山時，突然看見一條巨蛇鑽進山洞裡。

五丁力士都是見義勇為的英雄，擔心巨蛇傷害百姓，五個兄弟跑過去，拉著蛇尾往外拽，「一二、一二」。巨蛇的力氣也很大，雙方纏鬥了好久，巨蛇才力氣用盡，被五兄弟一點一點拖出來。

巨蛇的頭才出了山洞，他們正開心的大叫，忽然一陣妖風作怪，只聽山頭一聲巨響，地動山搖，眼前大山崩塌，大力士、巨蛇和五位嬌滴滴的姑娘都壓在山下，化成了五座山峰。

不幸的消息傳回蜀國，等著看美女的開明帝好傷心呀。他親自來到五座山峰前，悲泣他那還來不及見面的「五位夫人」，為了表明他的悲傷，把五座山命名為「五婦山」，至於五丁力士，在他心裡根本不值得一提。

民間的百姓看不慣，偷偷叫這裡「五丁山」。

時日久了，人們只記得五丁山，誰管五婦山呢？

故事還沒完。五丁力士死了，蜀道開通了，而秦王，早已等很久了。

「來人呀，大軍即日往蜀國出發。」

秦王的命令一下達，秦兵立刻往蜀國而來。昔日的天然險徑，今日已成了寬闊的大道，秦國軍隊兵臨城下。城破了，開明帝被殺了，蜀國也滅亡了。

只留下杜鵑，那隻啼血的杜鵑。每當桃花盛開的季節，望帝靈魂化成的杜鵑總在枝頭上，一遍遍的喊著：「民貴，民貴。」

蜀國人民一聽到這個聲音，就知道他們的國君在思念故國。如果當年開明帝心裡有一絲百姓的存在，或許蜀國也不至於滅亡呀。

神話小知識

杜鵑 看完這個故事，你是不是也被這位愛民如子的國君深深感動呢？不過，現代生物學告訴我們，學名Cuculidae、中國古代稱為「子規」、「杜宇」的杜鵑，有很多屬於孵卵寄生動物。也就是說，牠們從來不築巢，而是將卵產在其他鳥（特別是鶯科）的巢內，可以說是鳥類中的「寄生蟲」。

杜鵑將蛋產在其他種類的鳥巢後，就讓別的鳥替牠孵化和育雛，牠還會挑選和自己的蛋長得比較像的鳥類的巢下蛋，以降低被寄主拋棄的可能性。有時候甚至會因為蛋的數量不同，把寄主的蛋叼出來運走。

逐漸長大的杜鵑幼雛，羽翼尚未長齊，就會將寄主的蛋和幼雛推出巢外，所以有人甚至稱牠們是「惡鳥」。

除了杜鵑鳥，還有一種美麗的花也叫「杜鵑」。杜鵑花屬是杜鵑花科的一個屬，其下的植物俗稱「杜鵑花」、「映山紅」、「山躑躅」等。全世界的杜鵑花屬原種大約有九百六十種，中國境內有五百七十多種，其中，「映山紅」是中國十大名花之一。杜鵑花不但是尼泊爾的國花、中國江西省的省花，也是臺灣臺北市、新竹市的市花。

臺灣的杜鵑花主要分布在北部，陽明山國家公園內多為日治時期引入的平戶杜鵑、皋月杜鵑、西洋杜鵑等品種，臺灣南部的大武杜鵑及丁香杜鵑則為原生種，另有原生種玉山杜鵑。

第22課

都江堰關著大惡龍

李冰父子鬥蛟龍

郡守嫁女兒

秦王滅了蜀國，改成「蜀郡」。

新人新氣象，蜀郡來了新郡守，名叫「李冰」。李冰替人民做了許多好事，其中最讓人懷念的，當然就是治平洪水，利用江水灌溉萬頃的良田。直到兩千多年後的今天，李冰的德澤依然造福這裡千千萬萬的百姓。

李冰當郡守的時候，蜀郡還是常受洪水災患，百姓的生活過得極苦。洪水怎麼治不好呢？原來呀，江水邊有間水神廟，人們每年都要送兩名姑娘嫁給江神，要是哪年沒送，哪年洪水就淹上來。

李冰一到任就聽到這習俗，他很不以為然，跟當地百姓說：「今年大家別愁苦送女孩去祭江，我把我家女兒送去吧！」

哇，剛來的郡守真大方，竟然捨得把自家黃花大閨女送去給江神？

消息一傳開，人人都擠到了江邊看。只見李冰的兩個女兒都打扮好，乘著轎子來到江邊，準備連人帶轎沉進江裡。

膽子小的摀著眼睛，膽子大的拍著胸口：「真的嗎？郡守女兒真的要沉江了？」

江邊神壇上設了江神的神座，四周有香花燈燭、酒果供品，壇下有一幫絲竹管弦樂手，正在那裡吹吹拉拉，好不熱鬧。

李冰來了，步履不疾不徐，端了一杯酒，神情莊嚴的走上祭壇，向江神祭酒：「江君大神，我很榮幸讓女兒嫁給您，特請顯顯靈、露露尊容，讓我奉敬一杯酒，聊表心意。」

他說完，神壇上靜悄悄，只有風，吹得令旗獵獵作響。

李冰等了等，又說：「好吧，那咱倆先乾一杯酒吧。」

他把酒一飲而盡，但是神壇上的酒水依然清清亮亮，沒人飲過。

李冰這時把酒杯往地上一擲：「江君既然瞧不起我，那麼只好和你拚個死活。」話一說完，拔出腰間佩劍，一轉身人就不見蹤影了。哇！樂隊停止吹奏，人群開始鼓噪……

「郡守呢？」

「我們的郡守呢？」

大家東張西望，有個孩子指著江心：「那裡！」

江裡出現一條蒼灰色的大牛與一條綠色蛟龍搏鬥，湍急的江水，霎時更為洶湧。

一牛一龍鬥得不相上下，直鬥了一、兩個時辰。突然間，牛與龍不見蹤影，但是郡守李冰回來了。他氣喘噓噓的跳上岸，向士兵說：「蛟龍太強大，你們得來助陣才行。」

於是，幾百個士兵爬上高岸，一字排開，手裡的硬弓拉好拉滿，就等蛟龍騰出水面。

「別急別急。」李冰指揮著：「剛才我和江神纏鬥那麼久，彼此不相上下，這次再戰鬥，他若還以龍形出戰就罷，如果他擔心我設埋伏，故意也變成灰牛來決鬥，那就難辦了。」

李冰的兒子二郎在旁說：

「爸爸，你身上綁條白布吧，我們射箭時，專瞄準沒綁白布的牛射。」

「好方法，那我去了。」

李冰說完，又躍進江裡。一時，雷聲大

作，狂風呼呼，天地變成灰黑色，讓人分不清江水與天空。直到風雲稍定，江裡果然出現兩條蒼灰色的牛，在水面上激烈戰鬥。

岸上士兵一瞧，啊，看見了！看見了！一條灰牛的腰間就綁著白布呢。於是千枝萬枝的箭全朝另一條牛射去，作惡的江神被射傷，在江水裡蹦了幾蹦，鮮血從傷口一陣陣湧出來，最後支撐不住，還回蛟龍的原形，在江水裡載沉載浮，順流而下。

李冰父子急忙趕上前去，把牠生擒回來。李冰怕牠再作怪，用大鐵鍊拴住，鎖在治水鑿成的離堆下。

離堆下，潭水深，潭水終年不乾涸，稱作「伏龍潭」。下回你去逛都江堰，看看有沒有幸運遇見那條龍。

收拾了巨龍，洪水不再，李冰又領導百姓修築了都江堰，從此，蜀郡的人再也不受水災與旱災的困擾了。

驪山老母來點化

李冰和兒子二郎治水的故事在四川流傳，李冰鬥蛟的神話，後來又有一個版本。

據說，秦朝時，四川經常漲大水，李冰治水忙，就派二郎去上游看仔細。

二郎身材高大，武藝高強，連老虎看了都害怕。他聽了父親的命令，背著簡單的行李，帶上弓箭，就往河水上游出發。

古代交通不像現在這麼發達，又沒高鐵，也沒公路，一切只能靠兩條腿。他走了一村又一村，從春走到冬，又從冬走到春，走了好久好久，依然找不到河水源頭。

這一天，更慘，二郎在山裡迷了路。他正想找人來問路，嘿，一陣血海腥風吹來，路邊跳出大老虎！二郎不慌不忙，前腳弓後腳鬆，手裡拈了一枝箭，「颼」的一聲，老虎應聲倒地，再也無法作怪。

二郎正想去看個仔細，後頭來了七個獵人。

獵人連聲問：「老虎呢？剛才的老虎哪裡去了？」

二郎單手舉起老虎，問：「喏，你們在找牠嗎？」

七個獵人見了都大吃一驚：「壯士，我們七人打老虎都打不過，你一人……」

「沒什麼，牠跑來，我一箭牠就倒了。」

七個獵人對他佩服得五體投地，聽說他要找河水源頭，拍著胸脯，願意陪他一起去找尋。

有了獵人指引，二郎走出大山，來到灌縣一條小河邊，聽見一位老婦人在哭泣。

二郎問她為什麼哭？

「岷江出了條孽龍，動不動就施法催洪水來害人。大家怕牠，在岸邊幫牠修了廟，每年要送童男童女祭祀牠，如果牠不滿意，百姓照樣要遭殃，今年……」老婦人說到這兒，哭得更傷心了：「今年輪到我家小孫女去祭龍。」

二郎一聽，柔聲勸她：「婆婆別著急，我保證你的孫女今年完好無缺。」

七個獵人也安慰她：「婆婆別擔心，二郎一箭就射死大老虎，他一定替你收拾孽龍。」

老婆婆止住淚，仔細看了看二郎，說：「小伙子，此龍不比尋常的蛟龍，要小心啊！」

「會的會的，婆婆放心，對了，您老人家貴姓？」

老婆婆頭一抬，原來的悲苦神情全不見了，她微微一笑：「我姓王，娘家在驪山，人們叫我驪山老母。」

她一說完，人竟然像陣煙般的消失了。二郎這才知道，是神仙來點化他。

二郎遇見驪山老母的地方，後來命名為「王婆崖」。

既然知道洪水的起因，二郎和七個獵人立刻回去找李冰，一起商量怎麼對付這條孽龍。

祭江神那天，江神廟裡張燈結綵，神座前也備好童男童女，二郎和他的朋友躲在神座背後，只等孽龍現身。

不一會兒，陰風吹，烏雲起，一條孽龍張牙舞爪進廟了。牠盯著祭壇上的童男童女看了又看，覺得今年這兩個不像娃兒。孽龍疑心病重，不敢多做逗留，轉身正要走，這時，扮成童女的二郎「唰」一聲亮出了刀，和七個兄弟圍著孽龍就打。

孽龍擋不住八人合攻，跳進江裡，二郎和七個朋友急忙趕上，「撲通」、「撲通」躍進江。孽龍戰鬥不過，被逼著跳回岸上，邊戰邊退，直到最後退無可退，只好束手就擒。

這一戰，太過激烈，二郎和七個獵人也都疲累不堪。他們在王婆崖下暫時休息，受了傷的孽龍被綑綁在崖下。沒想到，河裡有個洞，這洞直通另一條大河，孽龍趁大家不注意，悄悄鑽進洞裡跑了。

孽龍一走，河水又會氾濫，二郎只好和七個朋友繼續追蹤。找來找去，好不容易才在新津縣抓到牠。這回可不敢再大意了，將孽龍帶回都江堰下的伏龍潭，鎖在鐵柱上，罰牠吐水灌田。

當地百姓為了紀念李冰和二郎的功勞，在都江堰邊修起一座廟，名叫「伏龍觀」，從此，四川再也不曾遭受洪水災害了。

神話小知識

李冰與都江堰

李冰是戰國時代著名的水利工程專家，被秦昭王任命為蜀郡（今成都一帶）太守期間，治水建了奇功。

都江堰位於四川省中部岷江中游，整個工程是由分水堰、飛沙堰和寶瓶口三個主要工程組成。都江堰的規模龐大，地點適宜，布局合理，兼有防洪、灌溉、航行三種功能，是非常重要的水利工程。兩千多年來，都江堰的功能確保了當地的農業生產，也為成都平原成為「天府之國」奠定了堅實的基礎。

後世為了紀念李冰父子，在都江堰修建了「二王廟」，都江堰更成為風景名勝。

第23課

我的媽媽是仙女

田章飛上天

姑娘變白鶴

秦朝的歷史很短，只有十四年，接著是漢朝。

漢朝初年，有個神話……

話說有個農夫，名叫田崑崙，家裡窮，二十多歲，娶不起老婆。人家說，有錢沒錢，娶個老婆好過年。在古代，娶太太要花不少錢，付聘金、請賓客、找花轎……林林總總算下來，真是頗大的負擔。

田崑崙娶不起老婆，他勤奮工作，看看會不會有翻身的一天。

田家附近有個水池，池水清澈見底，遠看就像塊綠色通透的寶玉。晴天時，池水倒映白雲，一朵一朵的白雲飄過，像天空被收在池面上，田崑崙常去那裡發呆、幻想。

這一天，田崑崙田裡的活做完了，正要到池邊小坐，突然聽見池裡傳來一陣戲水的聲音。這一看，哇！三位美麗的姑娘在池裡洗澡。

奇怪的是，田崑崙住的村子不大，他卻沒見過這三位姑娘。更怪的是，那三個姑娘洗完澡後，一轉身，竟然——竟然從池子裡飛到一旁的草地。

原來，她們變成了白鶴。

她們變成白鶴？

人怎麼會變白鶴？

田崑崙肚子裡的疑問比池水還要多。他還在納悶，其中兩隻白鶴已經叼起草地上的衣服，銜著飛上天了。

另一隻白鶴東張西望的，好像在找東西。找什麼呢？

田崑崙低頭一看，唉呀，他正好坐在一件綠色的衣服上。

「妳要找衣服嗎？」田崑崙的聲音讓白鶴嚇一跳，她急忙轉身，落回池裡，又變成美麗的姑娘，身子藏在綠色的水草中：「你怎麼知道？」

「因為它在我這兒呀。」田崑崙很不好意思的說：「我剛才不小心坐在上面，我身上都是泥，帶回家洗一洗，妳再穿吧。」

美麗的姑娘說不用，髒了的衣服也沒關係。

田崑崙堅持：「衣服髒了怎麼穿？我幫妳洗吧，洗完再還妳。」

「不用，不用，髒的也沒關係。」

「還衣服可以，請妳告訴我，妳是誰？為何來我家水池？」

「我是天帝的女兒。」白鶴女子一開口，嚇了田崑崙一跳：「我們一共三姊妹，爹爹給我們各造了一件天衣，穿了這衣服就能夠自由的上天下地。現在姊妹上天去了，我卻離不開這水池。請你把衣服還給我，若是還了我的衣服，我願做你的妻子。」

田崑崙一聽，簡直心花怒放，正想把衣服還給她，但臨時又把手縮了回來。不能還，不能還，還了天衣，她飛上天去，怎麼辦？

「我擔心妳穿了衣服就飛走了，妳別嫌髒，我把我的衣服借妳穿，妳就能離開水池了，好不好？」

天女起初不肯答應，但是她擔心時間一久，被旁人看見了可不妥，只好無可奈何的接過田崑崙的衣服，含羞答答的跟著他回家。

田崑崙的母親可開心了，她怎麼也想不到，兒子竟然帶一位「美若天仙」的姑娘回家。立刻安排酒席，請左鄰右舍的人當見證，替他們舉辦婚禮。結婚後夫妻和睦，不到一年，生了一個兒子，取名田章。

媽媽飛上天

田章出生不久，漢朝和外國打仗了，田崑崙被徵召去當兵，要到遙遠的地方打仗。臨走時，他悄悄把天衣交給母親，吩咐她：「媽媽，這是我妻子的天衣，您好好的收藏著，要是被她看見了，她一定會穿上天衣飛回天庭去，從此以後，再也別想她回來。」

「藏哪兒好呢？」老母親犯愁了，他們家只有三間破茅屋，衣服放哪兒都不安全。

田崑崙指著母親睡覺的床底下：「我在這兒挖個洞，把天衣包好放進去，保證她找不到。」

藏好天衣，田崑崙這才安心的踏上征途。

田崑崙一去三年多，三年來音訊全無。

田章三歲了，會走會說話，天女卻愈來愈想家。她經常求婆婆：「可以把天衣拿出來讓我看一看嗎？」

「崑崙說妳不能看。」婆婆這一說，天女有底了，婆婆一定知道天衣的下落，否則就只會說「不知道啊」。

「婆婆，當年我剛來，年紀輕，身子薄，如今我變成人家的母親了，也不知道那天衣穿不穿得下，妳拿來我量一量，暫借我看看，就是死了也甘心。」

「只看一看？」

「只看一看！」

媳婦打包票，婆婆是善良的人，她也不忍心媳婦求情：「就在床底下，挖了個洞，妳自己……」

婆婆還沒說完呢，這個白鶴媳婦三步併作兩步，一挖到天衣，一套到身上，一下子就騰空而起，飛向湛藍的天。

媽媽飛上天的時候，田章正在屋外玩，他只看有黑影掠過眼前。抬頭一看，是媽媽！媽媽還朝他招招手，臉上都是笑。

田章年紀小，也不懂，跟著媽媽跑了一段路。看見媽媽還在往上飛，一飛飛到看不見，他這才「哇」的一聲哭了出來：「媽媽，媽媽！」

後頭跟來的是奶奶，奶奶抱著他：「是我不好，我不該把天衣給你媽媽的。」天荒地老，一老一少的哭聲，傳得好遠好遠，不知道那往上飛的仙女，聽見了沒？

日子過得飛快，轉眼又過了兩、三年。

這幾年，田章常往外跑，就站在田野上放聲大哭。

一天，又一天，直到這一天……

「唉呀，別哭了，別哭了。」野地裡，來了個老先生，是村裡讀過書的董仲先生。他知道田章是天女的兒子，知道天女在天上必然於心不忍，總會偷偷回來看孩子。

他交代田章：「你去池邊等著吧，如果出現三個白衣女子，她們看見你時，有兩個人會盯著你，那一定不是你媽媽，低著頭，假裝不認識你的，就是你親媽媽。」

田章想念媽媽的時候，天上的天女也想兒子啊。她剛飛回天庭還很快樂，但只住了一天，想起自己的兒子就忍不住淚流。兩個姊姊都笑她：「妳也太傻了吧？何必苦戀民間的孩子，把天女的本性都忘光了。」

她們勸妹妹，妹妹卻只是哭，兩個姊姊看她哭得慘：「我們就好人做到底，明天陪妳下凡去，再去池邊玩玩水，說不定能遇見小田章。」

聽了姊姊們的話，天女破涕為笑，只期待天趕快亮，她趕著下凡看兒子。

地上的田章也在等天亮。聽了董仲先生的話，太陽才剛起床，他就迫不及待跑到池邊等待。這一等，快到中午，果然看到三個穿著白衣的姑娘由空中落下來，田章衝著她們跑過去，嘴裡不斷的喊著：「媽媽，媽媽！」

天女有一千個一萬個想看看自己兒子，但是她不敢，硬著心腸不抬頭。誰知道一切全被董仲先生料中了，一雙小手緊緊抱著她，她低頭一看，那真是自己的兒子田章啊。

母子倆一見面，再也沒人能把他們分開。

姊姊們見兩人哭得傷心，提議說：「妹妹別傷心，我們陪妳把小田章帶上天吧！」

「真的？」

兩個姊姊笑一笑，把彼此的天衣連在一起，讓田章坐在上頭，手一揚，四個人就輕飄飄的飛了起來，直飛到白雲深處的天庭裡。

神仙生活其實挺寂寞的。天帝也是啊，天天扳起臉孔維持天庭秩序，這下子可好了，來個小孩兒，而且是自己的外孫，再嚴肅的人也會心軟。從此，在天庭上常常可以看見，天帝牽著田章散步，一邊教他些簡單的法術，一邊跟他講講神仙世界有趣的典故，日子逍遙自在。

田章的資質聰穎，天帝教的學問和本領，他總是一教就會，而且舉一反三，天帝十分高興。一晃眼四、五天過去了，眼看他本領學齊了，便送他下凡，臨走還送他十卷天書：「希望你用心學習，一生受用無窮；將來若入朝當官，千萬謹言慎行！」

天書來解答

天上四、五天的光陰，人間已過了十四、五年。下凡來，田章長成一個風度翩翩的青年。他的學問好，本事高，很快就被朝廷重用當了大官。

然而，外公說的話他卻沒記牢。因為曾在天庭住過，對人對事總是比較驕傲，不久就因為頂撞上司，被皇帝貶為庶民，充軍到遙遠的西方。

奇事發生在田章充軍不久。皇帝帶著文武百官去打獵，皇上一箭，射中一隻白鶴。皇帝心情大好，吩咐廚子好好烹煮白鶴，準備拿來宴客。

廚子小心翼翼割開白鶴喉嚨，忽然聽見「啪」的一聲，裡頭跳出一個小小人兒，穿著鎧甲，戴著頭盔，身長不多不少，三寸三分。他在肉砧上跳來跳去，指著廚子

大罵不休。

廚子慌了，把這事報給管事太監，太監告訴宰相，宰相轉呈皇帝。皇帝看著小人，找來文武百官，但問遍眾人，無人能識小人來歷。這事呀，讓皇帝足足氣了七天七夜。

七天後，皇帝還在生氣，背著手到花園去散心。恰逢春天，百花盛開，什麼東西在花圃裡閃著白光？皇帝一時興起，彎腰一撿，唉呀，竟撿起一顆牙，量一量，不多不少，恰好三寸三分長。

那牙用火燒不掉，用水煮不爛，把它拿給百官瞧一瞧：「這是誰的牙，竟能長到三寸三分？」

百官面面相覷，誰也不識那牙的主人，皇上又生氣了。這一氣，又是七天七夜。宰相想了個好方法，在城門口貼告示：凡有人能識得這小人和大牙的，皇上賜他黃金千斤，封他食邑萬戶，如要當官，除了皇帝位子不能挑，其他的官位他想做什麼都可以。

皇榜一貼好多天，春雨淋，秋風吹，紙都褪色了也沒人來撕榜，皇上心情不好。他心情一不好，百官都遭殃，大家只好聚在一起想辦法。一百個官員，總勝過一個諸葛亮吧？果然有人想到：「田章，田章有天書，他一定識得。」

快馬連發十二匹，他們輪流接力，總算在遙遠的西方邊界找到田章。他在路上整整走了一年，還沒走到充軍的地點呢。

田章回來了，皇上開心了，他問：「大家都說你聰明，你告訴朕，這天下有大人嗎？」

「有啊！」

「大人是誰呢？」

「以前有個名叫『秦故彥』的人，他是皇帝的兒子，和魯家諸侯戰鬥時，被人打斷一顆門牙，長三寸三分，不知落在何處。如果有人找到，就能證明他是天下最大的『大人』了。」

皇帝聽了，暗暗叫奇，又問：「天下有小人嗎？」

田章微微一笑：「從前有個名叫『李子敖』的人，身長只有三寸三分，戴頭盔，穿鎧甲，在田裡走時被白鶴叼走了。李子敖不但沒死，還在白鶴喉嚨裡優遊呢。若有人獵得這隻鶴，就能證明我所言不假。」

皇帝有心想多考考他，便問：「天下之中，最大的聲音是什麼？」

「雷震七百里，霹靂一百七十里，這是最大的聲音。」

「天底下，什麼聲音最小呢？」

「三個人一起走，一人突然耳鳴，其他兩人聽不到，這聲音最小。」

「天下最大的鳥？」

「大鵬鳥，舉翅一飛就是一萬九千里，牠是天下最大的鳥。」

皇帝點點頭：「天下最小的鳥，是什麼鳥？」

田章不慌不忙：「最小最小的鳥叫做鷦鷯，牠在蚊子的觸角上築巢，養了七隻小鷦鷯，牠們一家天天在蚊子觸角附近飛，還覺得天寬地闊，蚊子竟然不知道自己頭上有鳥築巢，這是天下最小的鳥。」

皇上知道難他不倒，也佩服他學問好，就不讓他去充軍，改封他當大官。從此以後天下人都知道，田章智慧聰明，是天上仙女所生的兒子！

第24課

我家有個風火輪

哪吒鬧東海

圓溜溜的肉球

商朝時，陳塘關有一個總兵名叫「李靖」。他手握兵權，又有兩個可愛的兒子。然而有件事讓他愁了三年：李夫人懷胎三年六個月，孩子就是不出來。

三年六個月後，李夫人終於生了。

別人生的是可愛的小寶寶，李夫人生出來卻是一顆圓溜溜的肉球。肉球在地上滾呀滾，李靖大喝一聲：「這一定是個妖怪，我絕饒不了他！」李靖拔出佩劍，一劍劈向肉球，唉呀，肉球一劈開，裡面跳出一個又白又胖的小男孩。

這男孩左手套著金鐲子，肚子圍著紅綾，李靖見了又驚又喜：「是男的，是男的。」

更神奇的是，剛出生的小男孩，立刻撲到李靖懷裡，用他肉肉的小手，摸摸李靖的臉龐。帶軍打仗一輩子的李靖，心軟了，笑開了，先看看孩子，再看看夫人，夫妻倆看到孩子那麼可愛，都很歡喜。

第二天，陳塘關的官員都來了，大家祝賀李家多了個兒子，一位道人也來了。

這位道人名叫「太乙真人」，他來自乾元山金光洞，特別把這孩子取名叫「哪吒」，收他做徒弟。

其實，哪吒是太乙真人的徒弟靈珠子轉世。他手上戴的金鐲子是乾坤圈，身上圍的紅綾叫「混天綾」，這些都是乾元山金光洞的寶貝。

九灣河掀大浪

一轉眼，哪吒七歲了。

那年夏天，天氣炎熱，七歲的哪吒貪玩，跑到九灣河去玩水。清涼的水能解熱，不巧的是，這條河直通東海。哪吒的混天綾在河裡晃一晃，九灣河立刻掀大浪，大浪衝進東海，把龍王的水晶宮攪得東倒西歪。

「地震地震！」龍王喊著：「夜叉，去看看。」

巡海夜叉奉了旨，一路查看來到九灣河。他發現，海底很平靜，火山沒爆發，岸邊有個男孩在玩混天綾，混天綾在水裡轉一轉，立刻掀起海浪。

「哪裡來的渾小子，膽敢擾我海底平靜！」夜叉惡狠狠的喊。

「我的混天綾髒了，洗一洗不行嗎？」

「渾小子，還敢嘴硬！」

巡海夜叉脾氣大，拿起大斧就砍。哪吒不慌不忙，摘下手臂上的乾坤圈，輕輕一晃，乾坤圈變成一個大金圈，「咻！」這光圈迎風朝著夜叉飛去。夜叉不知道乾坤圈的厲害，還笑嘻嘻伸手去接。只聽「匡」的一聲，乾坤圈打在夜叉頭上，他兩眼一翻，當場一命嗚呼。

龍王聽說夜叉被打死了，立即命令龍王三太子捉拿哪吒。

「哪裡來的小頑童，竟敢打死巡海夜叉？」龍王三太子生氣的說。

「誰讓你們家妖怪欺負我們小孩。」哪吒嘟著嘴不高興的說。

「打死夜叉，該當何罪？」

「欺負小孩，罪加三等。」

兩人說沒三句話，立刻打起來。龍王三太子使劍，哪吒用乾坤圈，打了幾十個回合還沒分出輸贏，三太子一急，寶劍使成一個三百六十度的大圈，哪吒喊聲「好！」停向空中一挺，右手擲出乾坤圈，那圈在空中迎風變大、變重。

「匡噹」一響，偌大的乾坤圈砸到龍王三太子，太子功夫不濟，當場被砸回原形，原來是條金色大龍。

一旁的蝦兵蟹將想為龍王三太子報仇，哪吒揮起混天綾，在海水中輕輕一攪。這下不得了，一時間，海水就像著了魔，昏天黑地搖晃起來，水族大軍像喝醉了似的，在海水裡翻來滾去，嚇得連龍王三太子都來不及扛回去，灰溜溜的逃回龍宮。

哪吒看看龍王三太子的原形，自言自語的說：「聽說龍筋是做鞭子的好材料，我早就想要一根結實的鞭子了。」於是用腳踩住龍頭，使勁一抽，抽出了一根柔軟而堅韌的龍筋。

龍王為子復仇

東海龍王得知兒子死去的消息，氣得暴跳如雷，立即請來西海、南海和北海三位龍王，帶著蝦兵蟹將，把陳塘關團團圍了起來，揚言要李靖交出哪吒，否則大水將淹沒陳塘關。

外頭鬧得天翻地覆，哪吒卻在後院搓龍筋。龍王見了，拔出寶劍朝他刺了過來。哪吒勇敢的取下乾坤圈應戰。

「住手！住手！」李靖生怕得罪龍王，在旁著急的大喊。龍王大戰了哪吒幾回合，才知他的法寶果真厲害，不敢戀戰，只好氣沖沖的說：「我捉不了你，我到天庭向玉帝告狀。」

「告就告呀，你請天兵天將來也沒用。」哪吒笑著說。

兒子不怕，李靖怕。龍王一走，李靖和夫人就抱頭痛哭：「這下怎麼辦？天庭怪罪下來，咱們一家怎麼辦哪？」

哪吒一聽，他可不想連累父母，跑去向師父求救。太乙真人早就知道東海龍王不是個好東西，每年發大水淹死很多人，有時又故意讓一些地方多年不下雨。於是決定幫助哪吒。他給了哪吒一道隱身符，告訴他隱身祕訣，讓他去制伏東海龍王。哪吒聽了師父吩咐，立即向南天門趕去。

哪吒趕到南天門，施展隱身術，東海龍王看不見他。這時，哪吒舉起乾坤圈，一下把龍王擊倒在地，頓時讓龍王現出原形。

哪吒揪住龍王問：「你還敢不敢告狀？」

龍王氣得發昏，說：「你敢打我，這狀非告不可！」

哪吒見他嘴硬，用力揭掉龍王身上的鱗片，龍王痛得哇哇大叫，直喊：「饒命！饒命！賢侄饒命！」

「我諒你也不敢，跟我走吧！」

哪吒施展法術，龍王被他變成一條小蛇，藏在衣袖，帶回家。

回到家裡，哪吒把事情跟李靖一講，李靖見兒子的禍事愈鬧愈大，厲聲喝斥：「逆子呀，你才闖下禍事，現在又抓來龍王，錯上加錯，還不快將龍王放了！」

哪吒不敢違抗父親的命令，這才放走龍王。

東海龍王憤怒呀，但是他憤怒也不敢朝哪吒發作。他不斷在心裡喊著：「好，你個李靖，竟然縱容逆子攪亂龍宮，殺我孩兒，還將我捉住羞辱了一番！我一定要約齊四海龍王上天告狀，治你們全家的罪！」

削肉還母，剔骨還父

不久，東海龍王再度來到陳塘關，他背後有其他三海龍王，有水族大軍，有玉帝派下凡的天兵天將。龍王得意洋洋的說：「李靖聽令，玉帝已准，你們犯下死罪，一個也跑不了。」

「我……我……」李靖還想爭辯，但天兵天將已經把他們團團圍住，李靖夫婦都被綁起來。

一旁的哪吒跳出來，手持乾坤圈，大喝：「快放開我父母！不許傷害他們。」

龍王輕哼一聲：「放開他們，你拿什麼來換？」

「一人做事一人當！我今天削肉還母、剔骨還父，用自己的生命換回父母，你們還有什麼話說？如果不肯，咱們去靈霄殿見天王。」

東海龍王一聽：「你既然肯犧牲自己救父母，也算孝順。」

李靖夫婦被放開了，哪吒便右手提劍，先自己砍去一臂，再割肉剔骨，散了自己的魂魄。

四海龍王心滿意足的回去了。哪吒死了，魂魄在空中飄飄蕩蕩，他的師父太乙真人趕到，把荷花、蓮蓬和嫩藕擺成一個人的形狀，大聲喊道：「哪吒，哪吒，快快起來！」

只見那荷花、蓮蓬和嫩藕馬上變成一個人，活脫脫又是個可愛、勇敢的哪吒。師父還另外送給哪吒一枝火尖槍和兩圈風火輪。

從此，哪吒手持火尖槍，腳踩風火輪，走起路來像飛一樣，本領也更大了。

神話大人物

哪吒 你是不是也覺得，「哪吒」很不像中國傳統神話人物的名字？

關於哪吒的身世，有一種說法是：他是被如來佛以蓮花化身的，因此，最早來自於佛教的傳說。佛教典籍《毗沙門天王儀軌》中記載了：「天王第三子哪吒太子，捧塔常隨天王。」

根據這個說法，哪吒本來是佛教神話中「毗沙門天王」的第三個兒子，所以被稱為「三太子」，因為他父親真的是天王。而哪吒形象的第一次演化，應該是在南宋。身為毗沙門天王三太子，哪吒的演化是隨著李靖演化為毗沙門天王而來。李靖演化為毗沙門天王，哪吒就成了李靖之子，也由印度血統演化為中國血統。

李靖是隋唐時代知名的軍事家，他東滅吐谷渾，北平東突厥，功業蓋世，封為「衛國公」。中國古代一直有將歷史人物演化為神仙的習慣，姜子牙、老子、關公等等都是。

李靖在唐代被神化，到了宋代，民眾更是為他立廟祭祀。佛教為了擴大影響力，將李靖演化為毗沙門天王，自然而然的，本來是毗沙門天王兒子的哪吒，也就成了李靖的兒子。這就是哪吒被稱為「三太子」的由來。

第25課

人與仙女的戀歌

董永和七仙女

董永賣身葬父

漢朝時，有一戶貧苦的人家，家裡只有父子倆，兒子叫董永。父親租了一小塊地，兩人早出晚歸勤勞耕種。即使這麼辛苦，在風調雨順的時候，也只能勉強餬口，若是遇到旱災、水災，收的糧就不夠生活。

這一年就是那麼苦，整年沒有下過一滴雨，董永家裡粒米未收，地主卻日日逼著他們交租金。董爸爸年紀大，禁不起折騰，一時心力交瘁，病倒了。

董永很孝順，四處借錢要幫爸爸治病。好不容易借了錢、買了藥，回到家，父親卻已經嚥了氣。

悲痛萬分的董永放聲大哭，他想好好安葬父親，但是家裡這麼窮，拿什麼給父親買棺木？

漢朝不比現在，沒有銀行可以借錢，孝順的董永只想到「賣身葬父」。

什麼是「賣身葬父」？

古代的窮人，被逼急了，就把自己當成貨物一樣，賣給有錢人家當長工，賣來的錢才能幫親人安葬。

董永賣身葬父的事，被天上的仙女看見了。

天帝有七個女兒，個個都美麗大方，這個仙女是天帝的小女兒。最小的七仙女最善良，她最喜歡凡間總總，愛到人間走走。

她看到，貪婪的地主聽說董永要賣身，立刻說好，只給他一點點錢，要他做三年的長工，這三年，只有工作沒有錢。

七仙女在雲端喊：這條件太苛刻了，千萬別答應！

董永為了埋葬父親，無奈的點頭說好。

有了錢，葬了父親，三日後，董永要去地主家做工。想到父親在世的模樣，想到辛苦一輩子的父親從沒過上好日子，董永愈走愈傷心。

路邊有棵老槐樹，樹下有間土地廟。董永走到這兒，竟然碰見一位美麗的姑娘。這姑娘就是七仙女嘛，她變成普通的姑娘，問董永：「大哥要到哪裡去？」

「我要去地主家做苦工。」

「大哥一表人才，老實忠厚，為什麼要去做苦工？」

這些事，七仙女都知道，但聽著董永重說一遍，七仙女還是忍不住眼眶泛著淚水。

「大哥真是苦命之人，比小妹我還要苦呢！」

「妹妹為何悲傷？」

七仙女編了個故事：「我的母親去世，父親又娶了後母，她要把我賣給商人當妾。我不想委屈求全，逃出家來，所以覺得悲傷。」

這個可愛的小仙女，自己說著編來的故事，愈說愈覺得自己可憐，結果悲從中來，真的哭了起來。

董永看看她，忍不住說：「你我都是苦命人。」

槐樹作媒，土地公主婚

七仙女立刻收了淚，竟然說：「我無家可歸，不知大哥願不願意收留我，我們可結為夫妻！」

「不敢，不敢。」董永連忙搖手：「你我頭一次見面，又無父母之命，也沒媒妁之言，怎麼可以私訂終身？」

「大哥何必固執？你要媒人，我們請老槐樹作媒人，請土地公公當主婚人，怎麼樣？」

「老槐樹不會講話，土地公也只是神像，他們怎麼幫我們辦婚事？」

「心誠則靈嘛，你問問老槐樹，願不願意為我們作媒？老槐樹如果答應三聲，就是願意。問完老槐樹，再去問土地爺。」

「這……」

「大哥，試試無妨嘛！」

老實的董永，只好朝老槐樹打個揖：「老槐樹，老槐樹，你可願意為我們作媒？」

樹不會講話，沒想到老槐樹竟然說：「仙女配賢郎，美滿世無雙。願意，願意！」

董永問三遍，老槐樹就回答三遍，董永聽得又驚又喜。他又問土地公：「土地公公，土地公公，你願意為我們主婚嗎？」

小小的土地廟裡，傳來一陣蒼老的聲音：

「仙女配賢郎，一對金鳳凰。願意，願意！」

董永問三遍，土地公公也回答三遍。

這天晚上，董永和七仙女就在老槐樹下結成夫妻，隔天一起去地主家上工。

織就十匹絢麗的雲錦

這地主很貪心，原來的賣身契上寫的是一人賣身，現在多了一個人，地主故意刁難不肯收留。經過董永的懇求，地主才假裝勉強答應，但附帶一個更苛刻的條件：

董永夫婦必須在一夜之間，織出十匹雲錦，織得出來，三年長工全免，織不出來，三年再加三年。

「好啊，好啊！」七仙女拍著手答應了。

一旁的董可是愁眉苦臉。想想也是，別說織雲錦了，董永連雲錦長什麼樣子都沒見過，怎麼織呢？

那一晚，董永翻來翻去睡不著。他想的是，織不出雲錦，他得做足六年長工……

「相公，去睡吧，我來想辦法。」七仙女笑嘻嘻，只管要他去睡覺。

「我哪睡得著？」

「你睡不著，還是得做足六年長工，有什麼好想的？」

「對呀，不管睡不睡得著，該怎樣就得怎樣啊。」

最壞就是做六年工，這一想，釋懷了，董永睡著了。

夜深人靜時，七仙女還沒睡覺，她跑到院子燃了一炷線香。

這香叫做「難香」，只要點燃難香，天上的姊妹們一聞，就知道小妹妹遇到難處了。

果然，難香一燃，六個姊姊立刻出現。她們聽了小妹妹的述說，立刻動手織雲錦。

天上來的全是最巧手的仙女，還沒天亮，十匹絢麗的雲錦就織好了。

董永一醒來，正想去地主家上工，卻看見桌子上堆了十匹美麗的雲錦。他又驚又喜，立刻把布送去地主家。地主見了布，知道再也不能為難他，只好放他和妻子回家。

夫妻倆開開心心的回家，七仙女才把自己的身世告訴他，說自己是下凡來的仙女，而且她的肚子裡有個小寶寶了。

董永聽了好歡喜。從此男耕女織，相親相愛，過著幸福的生活。

被迫分別，悲痛欲絕

幸福維持不太久，因為玉帝這天一點名，點來點去找不到小女兒。他睜開天眼一瞧，哼，小女兒竟然在凡間生活，還結了婚，生了小孩。

玉帝很生氣，派使者來到人間，傳下聖旨，七仙女必須在午時三刻返回天庭，如有違抗，定派天兵天將捉拿問罪，並將董永粉身碎骨。

那一天，離情依依。

午時三刻到了。七仙女為了不使董永遭到殺害，在他們定情的那棵老槐樹下，忍痛跟董永告別。

董永哭天喊地，悲痛欲絕。

他問老槐樹：「老槐樹啊老槐樹，你說我們是仙女配賢郎，

美滿世無雙，今天為何有人硬要把我們分開？老槐樹，你怎麼不開口啊！」

董永喊了又喊，老槐樹卻像個啞巴，不說一句話。

董永又跑去問土地公：「土地公公，土地公公，你說過我們是一對金鳳凰，願意為我們主婚。如今為何有人要把她逼回天庭？土地公公，你要給我們作主啊！」

土地廟裡靜悄悄，什麼聲音也沒有。

悲傷的董永，只能日日望著天，希望還能見到七仙女的蹤跡。

可惜，即使他流乾淚水，卻再也聽不到七仙女的任何一點消息。

神話小知識

董永和七仙女

董永與七仙女的故事，又名《天仙配》，是民間廣為流傳的古代人仙之戀的傳説。有一種説法是，董永其實就是「牛郎與織女」故事裡，牛郎的另一世，與原來的妻子織女再次結為夫妻，同樣是人與仙女之戀，最後也同樣忍痛分離。

第26課

仙界大對戰

八仙與龍王的恩怨情仇

八仙祝壽

這天，仙鶴快遞送來一封邀請帖，呂洞賓一看：「唉呀，西天王母娘娘的壽誕快到了。」

李鐵拐喝一口酒：「這是大事，八仙不能缺席。」

「咱們八仙雖窮，總不能兩串蕉去祝賀。」

曹國舅的話，引得眾仙連連點頭，只是，送什麼呢？

八仙開會，你一言我一語，討論很熱烈，但完全沒交集。這個要送珍珠、那個要送瑪瑙，還有人提議要送長生不老藥。

唉呀，西天王母娘娘會缺長生不老藥嗎？連后羿都去跟她要過啊。

最後，呂洞賓沉吟了一會兒說：「這不行、那不要，如何是好？以我之見，咱們就求太上老君寫首詩，送給娘娘當賀禮！」

呂洞賓的意見大家都贊成，於是八仙搭上祥雲，直奔太上老君府。

聽完八仙的請求，太上老君就寫了一首祝壽的詞：

崑崙日暖，閬苑風光好。
玉樓醉，玄女傳朱顏，頓覺烏雲曉，增纖巧；
人在也，榮華南極祥光繞。
位比東王老，歷萬劫而不朽，瑤池臺上司陰教。
鈞天諸品，就讚乾坤自悠久；
今朝海鶴添籌，莫惜金樽倒。

八仙讀完，稱讚不已，告別太上老君，駕雲回府。他們以天上的雲朵做軸，夜空的星星編字，剪下晚霞補上顏色，量好王母娘娘家的大小，做成一幅賀壽雲軸，這才去向西天王母娘娘祝壽。

這麼隆重的禮物，讓西天王母娘娘笑開懷，天上眾仙很驚豔，大家稱讚不已，八仙也覺得很有面子。

祝完壽，該回家了，他們臨時又想去遊遊泰山。

仙人旅行和凡人不同，凡人得搭船搭飛機前往，仙人很簡單，跳上一朵祥雲，想去哪兒就去哪兒。甚至連泰山的纜車都不用搭，祥雲就像輕便的纜車，立刻升到泰山頂。

古人說「登泰山而小天下」，八仙站在泰山頂，只見山下雲霧繚繞，古廟、亭、台、樓、閣比比皆是，簡直像人間仙境。而往東望去，那是東海，碧波盪漾。文質彬彬的曹國舅提議：「大海水波不興，水天連成一片，真是壯觀。我們何不東往大海一遊？」

這提議，正合大家心意，但是要渡海，沒船怎麼辦？

漢鍾離挺身而出：「不難，不難，讓我來。」

他指指山崖上的大松樹，說聲：「變！」眨眼間，那松樹連根拔起，變成一艘木船，停泊海岸邊，眾仙這才歡天喜地上了船。

木船乘著輕快海風，徐徐前行。

八仙過海

船行一會兒，呂洞賓急了：

「太慢了，可以快點嗎？」

「這是松樹，一根大木頭能跑多快呢？」李鐵拐不以為意。

旁邊的張果老提議：「要快，還是自己來吧。大家各憑自己法術過海，不能乘船。」

漢鍾離一聽，立即把大芭蕉扇往海裡一扔：「那我先走一步啦！」只見他坦胸露背躺在扇子上，竟然穩若輕舟，瞬間往遠處漂去。

何仙姑不想落後，手裡荷花往水中輕擲，頓時出現紅光萬道。她佇立在荷花上，衣若翻飛，美極了！帥呆了！

哇，一見兩仙使法寶，其他神仙不敢怠慢，呂洞賓、張果老、曹國舅、韓湘子、藍采和也將各自寶物扔入水中，借助寶物大顯神通，遨遊東海。

李鐵拐把手指往那艘大木船輕輕一指：「你回去繼續當樹吧。」「咻」的一聲，那艘船，不，是那棵樹，又回到山崖上，迎風招展，彷彿什麼事都沒發生過呢。

八樣法器在海上各顯神通，泛起的波浪震得水底龍宮搖搖晃晃，驚動了東海龍王，他派太子去海上看看。太子一到海上，見到藍采和腳踏著玉板，手捧著四季不凋的花籃，一時貪念，作法讓一股浪湧起，掀翻了玉板。藍采和雖然武藝高強，但是少了玉板，又是單身一人，孤軍作戰，寡不敵眾，被龍王太子打落水底，當場五花大綁，丟進牢裡。

龍王太子很得意的打贏了一回，滿身是傷的藍采和快氣炸了，但被綁得動彈不得，也無可奈何。他心想，我在這裡沒人知道，得想辦法逃走。

但這可是門禁森嚴的水晶宮啊！正為難時，一個蝦卒跑來：「仙人，趁現在無人看守，你快逃吧。不然，他們遲早要害死你的。」

藍采和問：「我走了，你怎麼辦呢？」

蝦卒說：「龍王太子平時對下人總是拳打腳踢，趁今日放您走，我也就自己走了，再不留在這裡受氣受累。」

於是，藍采和前腳走，蝦卒後腳跟著開溜。

正在岸上苦候的神仙，一見藍采和回來，說起自己在龍宮受苦，他們個個氣得火冒三丈，再聽說龍王藏起藍采和的玉板寶物，更是火大。

看來，神仙也會生氣的，簡稱「神氣」吧。總之，八仙一生氣，化成復仇者聯盟，他們各展神通，打得龍宮東倒西歪，蝦兵蟹將個個奔逃，最後終於從龍王的臥榻下找回藍采和的玉板。

龍王和太子逃到了海底深處，望著狼藉一片的水晶龍宮，父子倆哀聲嘆氣。

「父王，下一步怎麼辦？」太子問。

龍王強打起精神：「為今之計，只有求助其他龍王相助。你放心，他們有八仙，我們有四海龍王當助手。」

海底的傳龍鼓敲動，立時，西海、南海和北海龍王全來了。但是一聽，這回惹惱的是八仙，三家龍王搖頭嘆息：「不是不幫忙，是難、難、難呀。」

東海太子急了：「各位龍王，八仙這回收拾了東海水晶宮，難保下回他們不會去你們的宮殿……」

這個太子的心地真壞，不提自己扣人家藍采和、搶了人家的玉板，反而挑撥離間，想要掀起神仙界大對戰。

南海龍王果然上當：「你們龍宮本有一根定海神針，卻變成孫悟空的金箍棒。幸好，我南海龍宮有顆定海神珠，八仙想打我，可不容易。」接著，他又說：「但是，南海神珠只能在水裡使用，一離開水就沒有功用。」

龍王太子一聽，心裡可樂了，有南海神珠在，那還怕什麼八仙過海呢？

當下他不說明，趁龍王們開會，悄悄游到了南海水晶宮，盜走南海神珠，跳出海面找八仙大鬥法。

不過，他太心急了，忘了南海龍王的話，神珠不能離開水，一離開水就會爆炸。

果然，「砰」的一聲，龍王太子當場炸成了龍蝦塊。八仙毫髮無傷，還以為東海怎麼突然放起滿天的煙花呢。

梁子愈結愈深，東海龍王一聽太子慘死，先是昏倒，救醒後，立刻偕同其他三海龍王，一起上天庭向玉帝告狀：「八仙橫行霸道，毀了龍宮，還殺了我兒子，實在是欺人太甚，玉帝您一定要替我們作主！」

這場辯論太久，星星月亮都出來了，雙方還辯個不休。還好還好，西天王母娘娘來了，她進殿後，微微一笑：「據我了解，八仙說的都是事實。四海龍王不分是非、互相袒護，得負主要責任。至於龍太子被殺，是他咎由自取，與八仙無關，不過八仙砸毀龍宮，打死水族，也的確不對。」

本來，玉皇大帝聽了龍王一面之詞，想捉拿八仙，殺頭問罪。現在聽了王母的陳述，也覺得有理，宣布：「八仙死罪可免，不過活罪難逃，貶你們下凡間深切思過，若是悔改，才能重回天庭。」玉帝說完，回頭對四海龍王說：「惹起事端的太子已死，你們也回去吧，以後管好自家的子弟，別再惹事生非！」

這場神仙大戰，誰也沒討到便宜。龍王賠了兒子又折兵，連龍宮都毀壞了，但在玉帝面前又不敢說半個「不」字，灰頭土臉的離開天宮。

八仙被貶下凡，從此浪跡天涯，在各地出現不少他們的故事。你若有心找找，一定可以找到更多哦！

神話大人物

東海龍王 喜歡神話故事的人都知道，四大龍王是常常出現的角色。四大龍王分別為：東海龍王敖廣、南海龍王敖欽、西海龍王敖閏和北海龍王敖順，其中，老大就是東海龍王。

東海位於東方，雖然是四方之首，東海龍王卻一點也沒有老大的樣子。在《西遊記》裡，孫悟空大鬧東海龍宮，不但取走鎮宮之寶「定海神針」，還差點拆了龍宮。在哪吒的故事裡更是悲慘，不但兒子被殺，還被抽了龍筋作鞭子。在八仙過海的故事中更是是非不分、上天庭亂告狀。種種行為，實在有失一方之主的身分與氣度，讓人看了只能搖頭。

第27課

你的睡眠，我來守護

門神大將軍

汾河龍王求救

去廟裡拜拜時，總會看見廟的大門口有兩尊神像，那是門神。別以為他們在門上罰站，其實門神在古代是兩位大將軍哦，普通小兵，還沒機會站在大門上呢。

那麼，門神是怎麼來的？

話說從頭。唐朝有位英明的皇帝唐太宗，有一天他做了個夢，夢裡華麗的宮牆像煙一樣散開，從迷濛的煙霧裡走來一個相貌古怪的白衣人。這人也不說話，一見唐太宗就跪。

唐太宗好奇了：「你是誰？為什麼要跪在我面前呢？」

「皇上，我是汾河的龍王爺，平日專管雨水的。今天來，是希望您救我一命。」

這倒好笑了，神仙來求皇帝救命，唐太宗聽了都覺得有趣：「你說吧，只要我做得到，一定救你！」

汾河龍王爺一聽，放心了，把事情原原本本說出來：

那天，汾河龍王在河裡待久了，悶了，搖身一變，變成一個白衣書生，手搖白摺扇，風度翩翩到城裡玩。

城裡比水裡好玩太多了！這裡有人賣燒餅，那裡有人變魔術，還有跑江湖的在打拳。龍王爺走走看看，不知不覺經過一個算命攤。

算命的是個白鬍子老公公，名叫袁天罡，圍觀的人很多，龍王爺想擠還擠不進去呢。

袁天罡正向眾人說：「人生在世，多點知識，天下發生的事，在下都能預卜先知，今天來到長安城，還請大家多多照顧。」

哇，竟然有人敢說自己什麼都知道。眾人搖搖頭，覺得他在吹牛。

龍王爺也想考考這個跑江湖的騙子，擠進人群裡：

「既然你什麼都知道，我來請教一下，長安城下回的雨落哪？會降多少雨？猜中重重有賞，猜錯別怪我砸你的攤。」

袁天罡摸摸鬍子，意味深長的看看龍王，最後還大搖大擺的閉著眼，喃喃自語似的念著：

「明天午時，長安城雨下三寸三分。」

龍王一聽，心裡樂了。他是汾河龍王，專管下雨，何時下、下多少，全由龍王說了算。袁天罡一說完，龍王爺開心的說：「好好好，若是明天沒下雨，或是雨沒那麼大，你等著我來砸攤子吧。」

圍觀群眾也很興奮，人人跟著喊：

「老頭，若是明天沒下雨，或是雨沒那麼大，你等著大家來砸攤子吧。」

龍王爺背著手，笑呵呵的走了，街也不逛了。回到汾河龍宮正想休息一下，唉呀，天上來了聖旨：「龍王聽令，明日午時，長安城降雨三寸三分，不得有誤。」

哇，不看不知道，看了嚇一跳，龍王沒想到袁正罡算得這麼準，時間對、雨量足，但是龍王爺不服氣，憑什麼被算命的給洩漏天機？哼，降雨明明是他管的，怎能讓江湖騙子出風頭？

這個不服氣的龍王爺，隔天故意讓雨多下一個時辰，雨量多加一寸一分。

「哈哈哈，我贏了，我贏了！」

下完雨，龍王爺得意的回到岸上，興匆匆跑去找袁正罡：「我來砸攤子啦！」

看熱鬧的人群個個摩拳擦掌：「我們來幫忙砸攤子啦！」

袁正罡竟然毫不在乎，任由大家砸爛他的攤子，他只是拉著龍王爺到一旁：

「龍王爺，我早看出你是誰，你砸完攤子該救自己了。」

「我？你怎麼知……」

袁正罡正色道：「先別管我怎麼知道，你自己大禍臨頭了知不知道？因為你不遵玉帝聖旨，延了時辰又多加雨量，現在大水成災，不少百姓受你拖累，玉帝生氣了，明日午時三刻，就要派大臣魏徵來殺你了。唯一之計，你也只能請皇上幫忙了。」

「這……這……」

「王爺，事關緊要，快去救你自己吧！」

袁正罡做個「請」字，龍王爺這才知道一切都是真的，因此他連夜進皇宮，在夢裡請唐太宗幫忙。

「他是您的屬下，明日午時三刻，您一定要把他留在身邊，救救老龍一命。」

「龍王放心。」唐太宗在夢裡打包票：「魏徵是朕的臣下，不敢不聽朕的話，你放心去吧。」

不守信的皇帝

唐太宗醒來後，派人把魏徵喚來。

魏徵，是最正直的官員，皇帝犯了錯他也敢責備，人人都讚美唐太宗英明，其實是魏徵不斷勸誡。

「不知皇上召臣進宮，有何吩咐？」魏徵問。

「嗯……這個那個……」唐太宗不好意思說夢見龍王的事，隨口編了個理由：「找你來，是要談國事啊。」

「國事要緊，皇上請說。」

談什麼國事呢？那時四海昇平，哪有什麼事可以談？簡單談過幾件事，談完了，魏徵要走了，唐太宗只好再找理由留他：「你看，花園裡最名貴的綠牡丹開了，你陪我賞花吧。」

兩個大男人逛花園，那樣子說多彆扭就有多彆扭。

匆匆逛完花園，唐太宗又留他吃飯。

吃了飯還下棋，這一君一臣就在花園涼亭下起棋來。

只要拖過午時三刻，龍王就得救了。

於是，紅帥向黑將出擊，黑卒勇敢過河。棋盤上你來我往，但是，這是午後呀，南風輕輕吹，陽光很溫和，魏徵年紀大了，一早就被傳進宮，後來又逛御花園，現在……現在真的有點累了，下著下著，棋子拿在手裡，人竟然迷迷糊糊夢周公啦。

太宗滿意了：「睡吧，睡吧，睡著了，哪裡也不能去。」

樹上幾隻鳥兒叫，不知不覺過了午時三刻。魏徵突然醒來，大叫一聲：「累死我了！」

唐太宗問：「你睡了一覺，怎麼還累呢？」

「臣適才做了個夢，夢裡玉皇大帝賜臣寶劍一把，派臣執行殺龍王的大刑。那是一隻遍身金鱗的大龍，被捆在很粗很粗的銅柱上。臣只能遵從玉帝旨意，用寶劍砍下龍頭。陛下有所不知哪，那龍頭比牛頭還大，臣費了九牛二虎之力才砍下，累死了。」

太宗緊張的問：「你……你真殺死那條龍？」

「皇上莫怕，那只是一場夢罷了。」

「就是夢才難辦呀！」

唐太宗心裡很過意不去，但又有什麼辦法呢？他不能去夢裡救龍王啊！

或許，太宗的過意不去成了愧疚。

或許，這個愧疚成了心頭的重擔。

總而言之，後來唐太宗就慘了。

每天晚上，只要他一閉上眼，就會聽到一陣慘叫。

叫聲淒厲，讓太宗不寒而慄，但又醒不過來。

淒厲的叫聲中，一條遍體金鱗的無頭龍來找他。

「不守信的皇帝，還我的頭來。」

「不守信的皇帝，還我的頭來。」

太宗大叫一聲，嚇醒了，摸摸全身，冷汗直流。他的身體本來很強健的，但是夜夜做惡夢，不久就病倒了。

「國君天天晚上被鬼魂糾纏，這怎麼辦呢？」

大臣憂心忡忡，誰也拿不出辦法。

最勇敢、厲害的將軍守宮門

是聰明正直的魏徵想到：「大唐的將軍裡，最勇敢、最厲害的是秦叔寶和尉遲恭。秦叔寶手持寶劍，可以殺退千軍萬馬；尉遲恭一聲怒喝，再蠻橫的敵人也不敢抵抗。若讓兩位將軍來把守宮門，鬼龍王一定不敢再來。」

那一晚，大唐最神勇的兩位將軍站在宮門外。

宮裡，唐太宗半信半疑的上床睡覺。

將軍的眼睛瞪得又圓又大，皇上在棉被裡瑟瑟發抖。

星子滿空，夜涼了，月亮出來，皇上睡著了。

一夜好眠，太宗像個孩子般跳下龍床，也不管赤腳，他衝到門外，拍拍兩位將軍：「鬼龍王沒來，卻讓愛卿辛苦了。」

「不，皇上的龍體重要，末將這點辛苦又算什麼呢？」兩位將軍說。

有了秦叔寶和尉遲恭守護宮門，從此，唐太宗再也聽不到哀號，見不到無頭鬼龍王，太宗睡得香，身體就康復了。

然而，堂堂大將軍是要保家衛國的，總不能天天在宮門外罰站啊。唐太宗想了想：「這樣吧，請最好的畫師來，把兩位將軍威武的神態畫在宮門上，或許也能嚇嚇鬼魂。」

畫師來了，仔細看了秦叔寶和尉遲恭的模樣，然後在宮門上提筆勾描、上彩，門上的人像畫好了：

朱紅的門板上，秦叔寶和尉遲恭身披虎面鎧甲，尉遲恭皮膚又紅又黑，眼睛瞪得像銅鈴一樣，原來他不是漢人，而是北方來的胡人將軍；秦叔寶白俊秀氣，帶著寶劍，斯文中帶著一股懾人的神氣。

這樣的畫，保證了唐太宗的睡眠，他再也不曾被鬼龍王嚇醒，而長安宮門畫將軍趕鬼的事漸漸流傳開來，百姓也都學著畫這兩位威武的將軍，並且將畫貼在門上以求平安。

門神祈福安宅的習慣，也就流傳到現在。

神話小知識

門神　門神通常分為「武門神」和「文門神」兩種。常見的武門神有「神荼、鬱壘」、「秦叔寶、尉遲恭」等，文門神則有三星、五子登科、狀元及第、加官進祿等。

唐朝之前的武門神，多為「神荼與鬱壘」。神荼與鬱壘是遠古時候的一對兄弟，擅長捉鬼，如有惡鬼出來騷擾百姓，神荼與鬱壘就擒伏惡鬼，並綑綁餵老虎。後來人們在門上畫神荼、鬱壘及老虎的像，有驅鬼避邪的效果，流傳至今。

唐代以後，武門神又增加了「秦叔寶與尉遲恭」，台灣一般廟宇也經常雕塑或彩繪秦叔寶與尉遲恭為門神。

第28課

聞聲救苦，拯救黎民

海洋守護神媽祖

安安靜靜做大事

希臘羅馬的海神波塞頓，武器是三叉戟，他跟雅典娜爭搶雅典城的守護神，若有美麗女孩經過海上，他會變成海豚瘋狂追求。

中國的海神是位美麗的女孩，出生在福建莆田的湄洲島。她出生時，安安靜靜的，不哭不鬧，家人就為她命名「默娘」，意思是「安靜的姑娘」。

這位安靜的女孩，從小跟著媽媽禮佛修法。這位安靜的女孩，做出來的事，都透著神奇。就說讀書吧。她過目不忘，書讀一遍就記住了；遇到不懂的事，絕對要問到懂為止。

我們或許學不來默娘過目不忘的本事，卻可以學習她求知若渴，打破砂鍋問到底的求知精神。

這位安靜的女孩，游泳很厲害。湄洲是個海島，居民會游泳沒什麼了不起，但要像她一樣，遠洋外海來去自如，沒有三兩三，誰敢下海玩？

這位安靜的女孩，有天和鄰居小朋友去花園玩，正玩著，花園古井突然冒出白煙，白煙裡還隱隱傳來一陣音樂。

「妖怪？」

「妖怪在唱歌？」

同伴叫了一聲，跑得無影無蹤。白煙繼續冒，音樂繼續響，有個小女孩，安安靜靜的立在那裡。

是默娘。

這位安靜的女孩，心裡有盤算：大白天的，怎麼會有妖怪？妖怪不是晚上才會跑出來？而且，如果這是妖怪，怎麼音樂怎麼如此祥和，讓人聽了心安？

她猜想，這應該不是妖怪，大著膽子走過去。白煙裡，漸漸顯出一個人影，那人白髮白鬍子，慈眉善目，正笑嘻嘻的望著她：

「林默娘，接銅符。」

「什麼銅符？」

「莫怕，我是太白金星，奉玉帝旨意下凡，賜你銅符一對，用來聞聲救苦，拯救黎民。」

這麼好的機緣，如果來到你面前，你敢不敢接？

林默娘接了銅符，太白金星笑一笑，消失了。

銅符還在，上頭刻了字，黃中透著祥光，果然是神物。

有了銅符，林默娘的法力大增，不但能助人，還能預知未來。

有一天，她端坐家裡，心中有所感應，吩咐人說：「颱風快來了，快去港口，要大家今天別下海了。」

下人急忙跑到碼頭，逢人就說：「颱風來了！颱風來了！千萬別下海！」

漁夫把頭一抬，明明萬里無雲，這天的日光可以晒掉一層皮。他們笑一笑，勤勞的本性，讓他們把船駛出港口，朝著大海捕魚去。

也才一會兒，狂風吹動烏雲，烏雲帶來暴雨。剎時間，天地一片昏暗，大浪接連而至，望出去，看不清天，也看不見地，小小漁船，有如一片枯葉，被海浪這裡推、那裡捲。

「救命啊！救命啊！」漁夫抱著船柱，拚命大喊。

如果是現代，船上有雷達、有衛星定位，很容易找到安全的水道回家。

如果是現代，漁夫口袋裡有手機、船上有無線電，請架直升機來救人也不難。

但，那時是古代，離現在一千多年，大海茫茫，人們什麼也沒有，只能抱著船柱喊救命。

大浪一個接一個，正以為必死無疑的時候，天空突然出現一道白光！那是最溫柔的白光，有光就有希望，湄洲島邊的漁船，一艘接著一艘駛向白光所在。

白光帶著大家，一艘一艘駛進湄洲島碼頭。人上岸了，這才發現，白光就來自林默娘家。

所有的船都平安進港，白光才消失。

預卜先知的能力

安靜的女孩，從此聲名大噪。

新來的縣令不相信：「騙子！什麼法術，什麼能力，讓她來。」

安靜的女孩進了縣府衙門，縣令傲慢的問她：「依妳所見，本官的官運如何？」

默娘看了他半晌，說：「大人不日就將高升。」

縣令心裡哼了一聲，心想，這位小姐年紀輕輕，就想拍我馬屁，什麼高升，哼，她長大後還得了。

新來的縣令決定好好教訓她，從後院請出一個男人，請默娘看看相。男人穿著華衣美服。

默娘看了看，嘆口氣，什麼話也沒說。

縣令把男人請出去，問：「妳看完了，怎麼不說話？」

安靜的姑娘一開口，就嚇了縣令一跳：「此人印堂由黑泛紫，壽命只剩三日，我覺得人命脆弱，因此嘆息。」

縣令讚嘆的說：「姑娘真是神算啊！」

原來，剛才那人是個死刑犯，縣令本想藉機羞辱林默娘，證明她是個神棍，沒想到反而證實了她真有預卜先知的能力。

從此，四鄉八里的人都尊稱她「神姑」。

神姑最神的一次，發生在她十九歲那一年。

那天，她的父親和哥哥出去，默娘在家。中午時，她織布織累了，才小憩一下，突然從夢中驚醒。她在夢裡看見父親和哥哥的船在海上遇難，船翻了，船上的人都落入海中，默娘雙手拉著父親，嘴裡啣著哥哥，正要把他們從海裡救上來時……

「默娘呀，默娘呀。」是母親在喚著默娘。

「我在這……」默娘忘了自己在救人，一開口答應，哥哥便掉進海裡溺斃了。

「那是夢，別怕別怕。」母親知道她的夢後，安慰她。

默娘默不作聲，默默垂淚。她夢裡所見絕非是假，她的衣袖是溼的，嘴裡還有淡淡的海水鹹味……

果然，不幸的消息傳來了，父親與哥哥真的遇上海難。

哥哥不幸沉溺，父親沒有訊息。這個安靜的姑娘一聽，昏倒了。她醒來之後，自己坐船到失事的地點，躍進海裡尋找父親屍體。

大海茫茫，別說找個人，找座小島都很困難，但默娘竟然在三天三夜後，背著父親的屍體上來了。

從此，這位安靜的女孩，安靜的守護著小島。

她保護島上的漁民出海平安，遇到失事的船隻伸出援手。人們只要遇難，總會喊著神姑，喚著默娘……

據說，她是在九月九日這天，登到湄洲島最高處，仙樂齊鳴，天空發出五彩光芒，她乘著雲霞升天而去。

後來，人們都喚她「媽祖」，因為她就像慈祥的母親，保佑每個出海的遊子。

聞聲救苦，拯救黎民。

臺灣有全世界密度最高的媽祖廟，源自臺灣人當年唐山渡海到臺灣，海上海象太差，遇到風浪極大，船在海上飄搖，唯一能依賴的，也就只有天上聖母媽祖了。

千里眼、順風耳

媽祖遶境時，她的轎子前總有兩個高大的人保護開道，那是千里眼與順風耳。千里眼是哥哥，名叫「高明」；順風耳是弟弟，名喚「高覺」，他們兩兄弟在封神榜裡出現過。周武王討伐紂王時，高明、高覺助紂為虐，幫著紂王為非作歹。千里眼能看清千里外蒼蠅的每一條腿，順風耳可以探聽遠處人們說的每一句話。

他們是當年的狗仔隊，紂王有了這對兄弟，簡直如虎添翼。周武王雖然站在正義的一方，但是每回想打仗，行軍計策總是早早被千里眼、順風耳給打探了去，這

仗怎麼打呢？

幸好，周武王的軍師是姜太公，他就是「魚離水三寸，願者上鈎，不願者回頭」的姜太公，八十歲才被周武王請來當軍師，很有一身本事。當他發現行軍策略屢屢被紂王所破，掐指一算，算定有妖人助陣，拿出照妖鏡一照，高明、高覺兩人當場原形畢露。

「原來一個能眼看千里之外，難怪眼睛大。」

「一個耳朵尖，因為他能聽見四面八方的聲音。」

「這該怎麼破解呢？」

姜太公不是省油的燈，想了一晚，想好的計策不敢寫下來，怕被千里眼偷窺，不敢告訴部下，怕被順風耳聽到。

第二天，周武王的大軍很奇怪，無數的大旗在揮動，哇，亂得讓千里眼什麼也看不清。隨著大旗揮，還有無數士兵敲鑼打鼓，干擾順風耳靈敏的聽覺。這兩個古代戰場上的X戰警，當場從超能戰士變成無能戰警，最後戰死在沙場。

千里眼和順風耳雖然死了，心裡可是十分不服氣。這股怨恨讓他們的妖氣不散，飄飄蕩蕩來到桃花山，兩股妖氣成了妖精，繼續為非作歹，四處擾亂居民。

桃花山的老百姓日夜不得安寧。

媽祖雖然是海神，也很照顧山上的百姓。聽了百姓受的苦，她把自己變成美麗的村姑，跟著村裡的女孩上山採野菜，一邊採，一邊觀察動靜。

不久，山上飄來兩朵奇怪的雲，一朵綠、一朵紅，村裡姑娘大叫：「妖精來了！妖精來了！」

姑娘都跑了，獨獨留下媽祖提著菜籃子，像是嚇到不敢動彈。

紅雲上跳下一個眼睛特大的妖精，那是千里眼。

綠雲下變出一個耳朵奇尖的妖怪，那是順風耳。

「妳怎麼不跑？」兩個妖怪異口同聲問。

「我跑不動。」媽祖變成的女孩說。

「我們要吃了妳。」

「我不好吃，你們要不要吃點野菜。」

平凡的女孩見了他們，總是嚇得魂飛魄散，從不敢跟他們對答。兩妖登時警戒心大起，各自退了一步，寧可小心，也不要莽撞。他們相互看了一眼，立刻跳上妖雲開溜。

也算他們倒楣，如果碰上普通神仙，說不定就讓他們跑了。

這回遇上的卻是媽祖，她施展大法，手帕向空中拂了一下，紅雲登時在空中翻滾，綠雲忽上忽下亂跳。兩個妖怪被滾得頭昏眼花，被跳得四肢無力，知道來者法力無邊，急忙現出原形，一個拿斧頭，一個舉方天戰戟，惡狠狠的朝著媽祖殺過來。

媽祖不慌不忙，把採菜籃往他們身上拋去，那菜籃愈變愈大，直接罩住他們，只剩頭在菜籃縫隙外喊救命。

「大膽妖孽，還敢作惡嗎？」

「娘娘饒命！娘娘饒命！小的再也不敢作怪了。」

「今後如再作惡，絕不饒恕！」

媽祖慈悲為懷，放了他們。兩個妖怪一回家，看看媽祖沒跟來，立刻恢復本性，繼續出來搗蛋，掀起海水，讓漁船失事，狂吹巨風，吹垮居民屋子。

百姓再度向媽祖求救。

媽祖知道他們是北方來的水星和西方的金星，土能克水，火能克金。她搖身一變，變成一個漁女，自己駕船來到海上。兩個妖怪看見一個小姑娘孤單來捕魚，玩心大起，正想弄翻漁船，沒想到船上的小姑娘拋出一撮土和一把火。只見那一撮土變成一座大山，大山壓住千里眼；小火苗變成了熊熊烈焰，烈焰撲向順風耳。

「太厲害了！」兩個妖怪齊聲大喊：「放了我們！放了我們！」

「喂，你們看看我是誰？」媽祖恢復本相：「當日答應我什麼事？」

兩個妖怪一看見媽祖，想起自己答應的事，這下再也不敢做壞事，齊齊跪下，請媽祖原諒，保證此後改邪歸正，跟著媽祖行善。

於是，安靜的女孩不但成了天后媽祖，還多了兩個跟班，紅臉的叫「順風耳」，綠臉的叫「千里眼」，兩怪跟隨媽祖在海上救人，立功贖罪。

神話大人物

媽祖 又稱天上聖母、天后、天妃、天妃娘娘、湄洲娘媽、媽祖婆等，是以臺灣、中國東南沿海為中心、擴及東亞（琉球、日本及新加坡等東南亞地區）沿海一帶的海神信仰。

媽祖原名林默（暱稱「默娘」），是家中老么，聰慧過人、沉默不多言，終身未婚，常於海湧風浪顯靈、颱風轉彎、保佑平安航行，世人認為是「護國庇民」的海洋國家守護神。媽祖的影響力由福建莆田湄洲島開始傳播，歷經千年，對東亞海洋文化及南中國海產生重大影響，稱為「媽祖文化」。

媽祖信仰是臺灣最普遍的民間信仰之一。清朝時，漢人移民自中國東南沿海地區渡海而來的人變多，經常把媽祖請來一起渡海，因而成為臺灣人最普遍信仰的神明之一。

另一個有趣的故事是，相傳道教神明之一保生大帝（大道公）還是凡人時，與林默娘有婚約。迎娶之日將近之際，媽祖因前一日家中母羊難產而死，萌生退婚之意。大婚之日到來，保生大帝率迎親隊伍前來迎娶，媽祖斷然悔婚，隨後入山出家修道。保生大帝大怒，後來雖然也遁入空門、得道成仙，依然吞不下這口怨氣。

於是，每當媽祖誕辰遶境時必定下雨，打算淋落媽祖臉上的脂粉，使媽祖羞於見凡人信徒。媽祖不甘示弱，在保生大帝壽辰出巡時，必定颳大風，打算吹落他的冠帽。因此民間流傳：「大道公風、媽祖婆雨」。

不過，根據科學的解釋，媽祖遶境恰逢春季春雨到來，也真有遶境隊伍碰到下雨的狀況，因此信眾遶境時都會自備雨具，以防突然下雨。而保生大帝出巡時，則正好是太平洋颱風季，碰到颱風攪局也在所難免。

第29課

除盡天下妖孽報皇恩

鬼王鍾馗捉鬼

大鬼吃小鬼

唐朝時有個皇帝叫「唐明皇」，有一天他出去玩，回來後，突然覺得身體不舒服，一會兒冷一會兒熱。現代人一聽就知道是瘧疾，但那時候可沒人知道，召了宮裡最好的御醫，請他們看了一個多月，依然找不到治療的方法。

堂堂的皇帝，碰上治不好的病，也只能躺在床上。

這天晚上，唐明皇昏昏沉沉的，突然有個聲音驚醒了他。

迷迷糊糊中，他發現寢宮裡出現一個綠衣短褲的小鬼。這小鬼長得青面獠牙，一腳穿草鞋、一腳打赤腳。再仔細一瞧，另一隻草鞋繫在他腰上。

小鬼想做什麼呀？

唐明皇發現，小鬼一手拿著香囊，一手拿著玉笛。再仔細看看，唉呀，香囊是他的愛妃的，玉笛是唐明皇自己的。

唐明皇生氣了：「你是誰啊，竟然敢來宮裡偷竊？」

小鬼跳了一下，嘻嘻的笑：「我呀，我叫『鬼混』，大名鼎鼎的鬼混就是我。」

「什麼鬼混，聽你瞎扯！」

「嘻嘻，那是你見識太狹窄！」鬼混不跳了：「人都是喜歡鬼混的，一個正事不做的人成天鬼混，死了就像我一樣……」

鬼混還在說呢，寢宮裡竟然又跳進一個大鬼。大鬼有張黑漆漆的臉，滿臉絡腮鬍，頭戴官帽，身穿藍色大袍，一條胳臂光溜溜，拿著利劍走過去，一把捉住鬼混，用劍將他劈成幾塊，毫不客氣的把鬼混吞下肚。

這一切發生得太快，唐明皇也不過眨了眨眼，大鬼已經吃完了，一邊整理鬍子，一邊擦拭寶劍。

「這……這……你又是什麼鬼呀？」唐明皇不安的問。

大鬼跪地奏道：「臣是終南山的進士鍾馗，武德年間進京考試不順，一頭撞石階而亡，蒙當時的皇上開恩，將微臣厚葬。微臣因此發誓，願為皇上除盡天下妖孽，今天特來陛下夢裡，替您除掉這小鬼。」

大鬼的話說完，唐明皇也醒了。

「武德年間，武德年間……」唐明皇想起來，武德年間離現在有一百多年啦，想不到還有鬼靈顯應。鬼混被大鬼一除，唐明皇心情舒暢，身體修養幾天，感覺比以前更加壯實，就請畫師吳道子，把他夢中所見的人像畫出來。

這畫像，就是我們現在熟知的鬼王鍾馗。

好玩的是，鍾馗的畫像完成了，唐明皇看了畫，嚇了一跳，他問吳道子：「難道你也夢過鍾馗，不然，怎麼能畫得這麼像？活靈活現，就像鍾馗在朕面前一樣？」

「微臣豈敢進入皇上夢裡呀，微臣是聽了皇上的描述，照著畫出來罷了。」

吳道子圖畫得好，從這件事就知道。後代警察局捉壞人，如果能讓吳道子來畫，歹徒一定無所遁形。

後來，唐明皇命人根據吳道子的畫，畫了許許多多的鍾馗像，頒行天下，讓老百姓都來認識他。歲末年終，家家除舊布新，貼張鍾馗，去除妖氣，習俗就傳到現在了。

神話大人物

鍾馗 字正南，中國民間傳說中能打鬼驅除邪祟的神，民間經常掛鍾馗的像辟邪除災。是中國傳統文化中的「賜福鎮宅聖君」。

鍾馗大概是中國傳統繪畫道教神仙譜系中，出現次數最多的人物形象。特別是明、清時期，因鍾馗傳說而演繹出來的各種故事情節，隨著道教徒和文人對鍾馗的不斷神化，逐漸形成了以「鍾馗捉鬼」為基本架構的故事。

唐、五代時期的鍾馗故事，以鍾馗捉鬼為主要內容，同時包含鍾馗趕考、鍾馗報恩等故事情節，具有明顯的道教色彩。宋、元以後，鍾馗信仰與鍾馗故事分流，鍾馗故事的宗教色彩逐漸淡化，而在之前的故事基礎上，則形成了鍾馗嫁妹等故事。明、清時期，鍾馗故事完成了文學化的轉變，鍾馗在文學作品中，從最初道教信仰的神，轉變成典型的文學人物。

在由神到人的轉變過程中，鍾馗故事與明清公案故事和愛情故事融合，故事情節變得更加多樣化、更有趣，深受民間歡迎和喜愛。

吳道子 又名吳道玄，唐朝著名畫家，人稱「畫聖」。吳道子生於唐朝開元年間，年幼時喪失父母，生活貧寒，曾前往洛陽，追隨當時擅長草書的著名書法家張旭、賀知章學書法。吳道子學書法沒有顯著的成績，因此改而學畫，不到二十歲就顯露繪畫天才。

吳道子在洛陽出名後，愛好藝術的皇帝唐玄宗得知，下令召他入宮中，吳道子便由民間畫工成了宮廷畫師。他曾為將軍裴敏作畫，當時的人將張旭的草書、裴敏舞劍、吳道子作畫稱為「三絕」。

吳道子的繪畫對後世影響很大，除了是「畫聖」，也被民間畫工尊為祖師。蘇軾曾稱讚他：「畫至吳道子，古今之變、天下之能事畢矣」、「出新意於法度之中，寄妙理於豪放之外」。

吳道子雖然享有盛名，但因為許多創作是壁畫，所以很少有真跡傳世。

第30課

蛇的報恩

白蛇傳（上）

呂洞賓賣湯圓

白蛇傳的版本很多，你知道哪一版呢？

來看看杭州說書人的版本吧。

話說，宋朝時期，八仙之一的呂洞賓想廣度眾生，於是搖身一變，變成一個衣衫襤褸的小販，在西湖邊賣湯圓。

「來哦，來哦，好吃的湯圓，一碗一文錢，三碗不用錢。」

誰要有緣，誰就能被呂洞賓帶去當神仙。

可惜，杭州的人都貪心，人人都點三碗湯圓，沒人笨到去付錢。

等了很多天，等不到半個可造之材，呂洞賓愈等心愈冷。

這天，來了一個名叫「許仙」的小男孩：「老爺爺，我要一碗湯圓。」

「傻孩子，點三碗不用錢哦。」四周的人笑他。

「可是我只吃得下一碗啊。」許仙毫不猶豫的回答。那話，讓呂洞賓的眼睛亮了，等了這麼多天，終於等到這樣純樸的男孩。

呂洞賓悄悄跟著他回家，想找機會傳授他仙法。

沒想到，許仙回家後，三天三夜無法吃東西。

古時候沒什麼消費者保護觀念，但許家的人也知道冤有頭債有主，立刻拉著孩子回去找呂洞賓算帳。要知道，呂洞賓那湯圓是寶啊，誰吃了都能長生不老。

小小許仙跟著家人，臉紅脖子粗的回來了。

「是他，是他賣的湯圓。」許仙說。

呂洞賓嘆口氣，知道這孩子沒有仙緣，在他肚子上一拍，那顆湯圓就從他肚子裡跳出來，一跳跳進西湖裡，一隻烏龜精正打算吃掉它，誰知道旁邊竄出一條修煉中的白蛇吃了去。

白蛇吃了湯圓，從此多了五百年功力，烏龜精沒吃到湯圓，含恨死去，後來變成了鎮江寺的法海和尚。

而白蛇呢，她一心想報答讓她吃湯圓的許仙呢！

遊湖借傘

時間流逝，一年年過去，許仙長大了。他父母早逝，家裡又窮，白天在表叔的藥店學做生意，晚上借住在姊姊家。

清明節那天，他去雷峰寺幫父母燒錢化紙，回來沿著西湖走。沒想到，西邊飄來幾朵烏雲，下了一陣微微細雨。

這雨下得綿綿不絕，許仙的衣褲鞋襪都溼了。正手足無措間，一艘小船從後頭搖過來，船家是許仙認識的，就搭他的船準備回去。

小船才離岸沒多久，岸上傳來呼叫的聲音。原來是兩位姑娘，她們都長得很漂亮，一個穿著白衣，一個穿著青衫，她們冒雨前來，請船家也讓她們上船。

於是，許仙與兩位姑娘同在小小的船艙裡，那位穿白衣的像是寡婦，穿青衫的像是丫鬟。一問起來，白衣少婦說自己姓白，剛去給過世不久的丈夫上墳回來，旁邊的丫鬟叫小青，三人有一搭沒一搭的聊著，船就到岸了。

上了岸，該分手了。

雨細細的下著，許仙去熟人開的店裡借了把傘，打著傘往前走。

他走沒幾步，突然聽到有人喚他。他回頭，是剛才的白娘子。白娘子說雨下這麼大，小青取傘還沒回來，請許仙搭她幾步。

「當然沒問題。」許仙說。

他們兩人合撐一把傘走了一段路，看看離彼此的家都近了，方向卻有些不同。

許仙主動把傘借給白娘子，約好明天午後再來取。白娘子開心的打著傘走了，許仙就沿著別人家屋簷回到住處。

這一晚，許仙失眠了，整晚想著白娘子的一顰一笑。第二天去藥店工作也沒心情，午飯後請了半天假，急匆匆的去白娘子的住處。

到了白娘子說的住處，問了好多人都說不知道，丫鬟小青卻笑吟吟的走來，說是奉了白娘子的指示來接他。

許仙跟著小青走進一棟小樓，屋裡典雅華麗。白娘子早等著他，桌上有酒菜，吃到傍晚，白娘子說是雨傘被親戚借去，請許仙隔天再來拿。

隔天，白娘子仍備酒菜，一邊吃酒一邊聊天，白娘子甚至向他提出結婚的請求，要他找個媒人來提親。

許仙是個窮小子，這麼好的機緣當然開心。

但轉念一想，許仙只在藥店幫

忙，晚上還借住在姊姊家，哪有錢辦婚禮？

白娘子問他為何不答話，許仙老實告訴她。白娘子一聽：「這個簡單。」她命小青取了一個包袱來，親手遞過包袱：「這些錢你拿去用，不夠時再來取。」許仙打開包袱一看，是幾錠白燦燦銀兩，這下子辦親事的錢有了！

飛來橫禍

許仙向姊姊說了這門親事，再把銀子給她看，懇請姊夫作主，成全這樁姻緣。晚上，在衙門工作的姊夫回來了。姊姊把許仙的事向他一說，姊夫把銀子看了又看，突然大叫一聲：「不好，全家死定了！」

姊姊連忙問是什麼事，姊夫指著銀子說：「這可是官府裡失竊的官銀，底下全都刻了官字，現在衙役四處追捕，誰知而不報，全家都要抓去殺頭。妳看，這下子若不報官，你我都得遭殃。」

這姊夫，立刻拿了銀子到臨安府去報案。

捕快來了，許仙被綁了去。

官老爺才喝一聲「打」，許仙就跪在地上，把白娘子的事一五一十的全招了。

大批捕快如狼似虎的，衝到白娘子家。

奇怪的是，他們根據許仙指示，在那條巷子來來回回找了又找，除了一棟破瓦房外，根本找不到那棟小樓。

推開破瓦房的大門，裡頭堆滿了垃圾。大廳裡，有個美麗的少婦坐著，一個捕快壯著膽子喊了她一聲，霹靂一響，少婦不見了，只留下白燦燦的銀子一堆，數量和官府失竊的銀子一樣多。

這下再無可辯。

銀子被帶回臨安府，許仙被判去蘇州牢城做工，密報的姊夫有五十兩賞銀，他心裡不安，把賞銀全送給許仙當路費。

許仙來到蘇州，幸虧有五十兩打點上下，這才不用坐牢。經過這場橫禍，他暫時住進一家小旅館。許仙思前想後，不明白這個妖媚的女子究竟何方神聖，心裡時常感到納悶。

神話小知識

《白蛇傳》 又名《許仙與白娘子》，中國著名的民間傳說，與《孟姜女》、《牛郎織女》、《梁山伯與祝英台》並稱為「中國四大民間傳說」。

《白蛇傳》故事出現於南宋或更早，在清代成熟盛行，是中國民間集體創作的典範。描述的是修煉成人形的蛇妖與凡人的曲折愛情故事。

《白蛇傳》的故事背景在宋朝的杭州、蘇州及鎮江等地，流傳至今，有多個版本。但故事基本的架構大致上都包括了借傘、盜仙草、水漫金山、斷橋、雷峰塔、祭塔等情節。

《白蛇傳》的故事早期以口頭相傳為主，因此有多個不同的版本與細節。有的故事是白娘子被鎮壓到雷峰塔下就結束，有的版本有白娘子產子的情節，還有的版本是，白娘子與許仙的孩子中狀元、祭塔救母的快樂結局。但一般認為，故事的基本要素，在南宋時就已經具備了。

第31課

蛇的復仇

白蛇傳（下）

白蛇青蛇精

白娘子就是當年吃了湯圓的白蛇精，因為多了五百年的功力，可以修成人形，只是西湖底太寂寞，所以才會出洞觀看風景。

她一出來，盤踞在西湖的青蛇便向她挑戰。青蛇道行不夠，鬥不過她，白娘子饒了她，青蛇自願跟著她，從此成了她的僕人。

清明節那天，白娘子見了許仙，想起當年的湯圓之恩，又見他忠厚樸質，人品俊秀，想和他成親。那場雨就是白娘子的法術，利用借傘來結識許仙。

官府的庫銀是白娘子盜去的，只因一時大意，忘了除去「官」字，害得許仙受了一場無妄之災。

許仙在客店住了半年多，這天，一乘轎子來到店門口，旁邊有個丫鬟跟著，許仙一看，正是小青和白娘子。

「不，你們不能進來。」許仙想起半年來的倒楣事，伸手攔著。

「官人有所不知。」白娘子早就想好了說詞，她說那銀子是死去的丈夫留下的，她根本不知道是官銀還是私銀。

理由說完了，許仙相信了。於是，他們就在店裡，選了個良辰吉日辦完終身大事。

神奇百寶箱

白娘子有個神奇的百寶箱。

許仙不用工作，要什麼錢，全從裡頭拿，要多少，有多少。

時光飛逝，又過了半年多，二月了。

蘇州二月，習俗是去廟裡看天師。

許仙也跟人去湊熱鬧。他一進廟裡，先見到一個老道士，老道士喊住他：「這位大德請留步。」

「怎麼啦？」許仙問。

「你的頭上黑氣罩頂，怕是妖怪纏身。」

「這……這……」許仙慌了：「道長，您要救救我呀。」

「莫怕莫怕。」老道士拿出兩道符：「一道藏進頭髮裡，一道半夜三更燒掉，保管你平安無事。」

回家後，許仙就照著道士的交代，把一道符藏好，半夜想燒符時，白娘子撞見了，她奪過那道符來，自己先燒了：「你我夫妻一場，你卻只相信別人說我是妖怪，想燒符來鎮住我，不必你動手，還是我自己來吧。」

「轟」的一聲，那符燒了。

等了很久，什麼事也沒有。

許仙只好把白天遇見老道士的事全說了。

第二天，白娘子跟著許仙回到廟裡。那個老道士還在門口，四處拉人，要人跟他買符回家，燒了符，說是再厲害的妖怪都能鎮住。

白娘子當著眾人說：「道長說我是妖怪，就請畫一道符給我吃吧！」

老道士立刻寫了一道符，白娘子吃了那道符，什麼事也沒有。這下子惹眾怒了，

大家都罵他是騙人的道士，裝神弄鬼，招搖撞騙。

白娘子喊聲停：「我從小也學過一點法術，且讓大家看看。」

她拍拍手，伸指一點，老道士的身體竟然立刻縮小，飛在半空中，過了好久才落下來，腳一沾地，人又變回原狀。道士覺得很丟臉，東西不要了，一溜煙跑遠了。

端午雄黃酒

白娘子見許仙終日遊蕩不是辦法，拿出一些銀子，在碼頭邊買了幾間店鋪，開了一家藥鋪給許仙經營。

許仙有事做了，不再去外頭閒逛。

端午節那天，照例要吃粽子、喝雄黃酒，藥鋪也準備了豐盛的酒菜過節。許仙陪伙計們喝了幾杯，自己拿了一壺雄黃酒上樓，要陪白娘子喝。

白娘子最怕雄黃酒，仗著自己法力，勉強喝了一、兩杯：「不行了，我醉了。」

許仙看她滿臉通紅，先讓她在床上休息，自己下樓跟大家繼續喝。

不久，宴席散了。許仙上樓，走到床前，掀開帳子，想看看白娘子醒了沒。哪知道棉被一掀，裡面竟然是一條大白蛇，眼睛有如銅鈴般大，吐著舌信滋滋作響。

許仙膽子小，嚇得大叫一聲，當場魂飛魄散。

「怎麼了，怎麼了？」

樓下聽見聲響的小青一上樓，先是看見許仙倒在地上，急忙叫醒白娘子。等白娘子變回人形，一按許仙脈搏……

小青問：「死了？」

「死透了。」

白娘子放聲大哭，小青勸她：「這不是哭的時候，救人要緊呀。」

「救人？」白娘子忍住淚水：「對，救人要緊。」

救夫盜仙草

白娘子心思一靜，想起來了：南極仙宮中有「九死還魂草」，若能盜來，或許可救丈夫的命。難的是，仙草有鹿、鶴兩名仙童看守，這兩名仙童神通廣大，武藝高強，一般人不敢靠近，但為了救丈夫……

白娘子讓小青看好許仙的屍體，帶了兩把青峰寶劍，駕朵白雲朝南極仙宮去。

就這麼巧，南極仙翁帶著鹿童去說法。

宮裡只有鶴童在，大概太悶了，竟然在宮門口打瞌睡。

白娘子趁此良機，飛進宮門，她眼尖，在花圃裡找到九死還魂草。

摘完仙草，飛出時不小心，驚醒了鶴童。

鶴童立刻飛身攔阻，一旁鹿童也回來了，鶴童化作大鶴，展翅飛來撲啄。蛇最怕鶴，白娘子一見大鶴飛來，膽顫心驚，法力全失，現出原形，被大鶴叼在嘴裡。在巨鶴的嘴裡，白娘子就像一條小蟲，鶴童正要將蛇吞下肚，還好，南極仙翁喊聲「停」，這才把白娘子救下來。

「謝謝仙翁。」白娘子說。

仙翁捋著鬍子：「我知道妳救夫情切，恕妳無罪，去吧！」

回到家，許仙服下仙草，不久就醒來了。

但是他一看見白娘子和小青，嚇得搖手大叫：「妖怪！妖怪別過來！」

「相公，別害怕，我們不是妖怪。」小青說。

「我明明在床上看見一條白蛇。」

「相公，請跟我來。」白娘子帶著許仙到了後院古井，井裡有條被人砍成七、八段的白蛇：「你看見的是不是這條蛇呀？」

「天哪，屋子裡怎麼會有蛇？」許仙再次相信白娘子，卻不知道井底的白蛇，其實是條白手巾，那是白娘子變來安慰他的。

於是，許仙再度和白娘子過起幸福的日子。

我們又要用到那句成語了：「好景不常」。

好景不常，鎮江金山寺的法海和尚來蘇州講經。

許仙去聽了幾次經，也說要捐五十兩銀，和法海約好了，秋天時自己帶著銀兩去金山寺。

轉眼秋風吹，許仙想去金山寺，白娘子不讓他去。

「你每回去廟裡都有事。」白娘子說。

「但是我答應佛祖了，人怎麼能不守信用呢？」

禁不起許仙苦苦哀求，白娘子也只好答應他：「速去速回。」

「一定，一定。」

許仙走了幾天，來到金山寺。法海一見到他，低首合十跟他說：「善哉善哉，居士被妖精迷惑住了，若不省悟，定有殺身之禍。」

許仙聽得毛骨悚然，急忙伏在地上，請法海救命。

「施主莫怕，就在金山寺裡住下，目前切勿回家，自可保身家性命。」

法海說什麼，許仙信什麼，真的乖乖住在金山寺，再也不回家。

水漫金山寺

沒幾天，金山寺外的江上來了一艘小船，船上是白娘子和小青。

她們挺生氣的，高聲喊著：「法海，法海出來。」

法海帶著僧眾站在山門口，那神情說有多高傲就有多高傲。

白娘子問道：「你為什麼攔住我家相公，不讓他回家？」

法海說：「許仙已經皈依佛門，不再跟妳這樣的妖孽來往。」

「你不把我相公送出來，我必施法發水，水漫金山寺。」

老和尚，不怕她：「好啊，請展法術，讓我們見識一下，看妳如何水漫金山寺。」

「你等著，你好好的等著。」

白娘子施神通，飛到了東海，念起口訣。只見東海升起萬丈波濤，洪水像一條白色猛龍，一路朝金山寺瘋狂湧來，眼看就要漫進山門，衝進佛堂，大和尚、小和尚全緊閉眼睛狂念佛號，還有些小小和尚高聲喊著：「師父，師父，快想想辦法呀！」

法海不慌不忙，脫下身上那件大紅色的袈裟，往空中一扔，那袈裟愈變愈大，罩住金山寺，逼退了大洪水。不久，風雨止住，天也放晴。

「善哉，善哉！」法海雙掌合十。

雷峰塔下

晴空萬里，法海拿出一個缽給許仙。

「你回家後，如果白娘子再來，你把缽往她頭上一罩，再拿我的僧袍包住，我自然會來幫你。」

許仙聽了他的話，回家之後，見了白娘子，趁她不注意時，拿出缽往她頭上一罩，白娘子果然不見了，他再用僧袍把缽緊緊封住。正不知道該怎麼辦時，法海和尚已經從門外念著佛號進來了。

「阿彌陀佛！」

一旁的小青見大勢不妙，化成一道清風消失了。

法海把僧袍揭開，缽裡有條小小的白蛇，正緊盯著許仙呢。

許仙想起過往一切，一時悲悚交集。他跟著法海來到西湖雷峰寺，看著法海把缽放進地底，讓人砌了一座七級寶塔，用這塔緊緊鎮住白蛇，從此再也不能回到人間。

法海回去鎮江寺了。

許仙看破紅塵，削髮為僧了。

只剩小青了。她恨法海把白娘子鎮在雷峰塔下，她繼續修煉，幾次去找法海報仇，都被法海擊退。

小青回頭再練三年，這回法海念經文沒有用，他想逃，卻被寺前大江阻隔，最後只好躲進螃蟹肚子裡避難。

「好個老和尚，你也有今天。」

小青可不想一劍刺死螃蟹，她用劍在蟹殼上劃了咒，從此，法海再也逃不出來，就像當時他用雷峰塔把白娘子鎮住一樣。

或許你要問，小青制住法海，白娘子出來了嗎？

直到目前，沒人知道。

倒是法海還在。不相信，你看那螃蟹殼上有幾道紋路，那是小青刻的咒語；螃蟹嘴邊常有白沫，那是法海唸經急著想出來的證據；如果你打開螃蟹的殼，裡頭紅紅的是法海的袈裟，中間端坐的，你說是誰呢？

神話大人物

法海　法海，歷史上真有其人。史書記載，法海本來是唐宣宗年間宰相裴休的兒子。裴休，字公美，出身「天下無二裴」的裴氏家族。裴休為官廉潔，治理有方，博學多才，書文俱佳。著名的柳公權《玄祕塔碑》就是裴休撰文。

據說法海出生之前，母親張氏夢見有白、黑兩條大蛇向她襲來，她萬分驚恐，此時天上降下一個手持寶劍的和尚，喊：「母親別怕，孩兒來了！」手起劍落，將兩條大蛇攔腰斬斷。張氏驚醒，生下一名男嬰。裴休見孩子頭上髮毛稀少，就叫他「頭陀」。

長大後的頭陀，立志修行。他先去湖南溈山修行，接著又遠赴江西廬山參佛，最後到鎮江氏俘山的鶴林寺修禪，並決定在此住下來，取號「法海」。

一天法海在山洞禪坐，突然有一條白蟒出來盯著他。法海運用神通，將白蟒趕走，相傳這條白蟒遁入長江而去，逐漸有了法海與白蟒鬥法的故事。

【附錄】

神仙界的復仇者聯盟

八仙傳奇

說到八仙，你一定在廟裡或喜慶的場合見過。通常會有一個紅布條，上頭繡了八位仙人。那八位仙人，就是這裡要介紹的八仙。

八仙，數字很吉祥，人物很討喜，你認得哪幾位呢？

是倒騎驢子的張果老，還是喜歡袒胸露腹的漢鍾離？

是撐著鐵拐背著酒葫蘆的李鐵拐，還是手持寶劍、屢試不第的呂洞賓？

還是拿著玉板的曹國舅、手拈蓮花的何仙姑、提著花籃的藍采和、吹奏玉簫的韓湘子？

他們的形象深入人心，在一起作戰，法力無邊，像不像神仙界的「復仇者聯盟」呢？

第一位醜神仙——李鐵拐

李鐵拐是西周時代的人，本來叫做李凝陽，從小就想當神仙，長大後隱居在岩洞裡修道。老子是他的好朋友，時常傳授道術給他，希望他能成仙。

有一天，李鐵拐和老子約在華山相會，臨走時把最信任的弟子叫來：「我用魂魄去華山，這回應該有機會變神仙。你守好我的身體，如果我七天後沒回來，大概就是變成神仙了，那時，你就把為師這副臭皮囊燒了吧！」

「師父放心，弟子一定會遵照師父的指示。」

弟子答應了，李凝陽放心的出發。

沒想到的是，師父前腳剛走，弟子的母親卻生了重病。消息傳來，弟子心急如焚，恨不得立刻飛奔回家。然而師父有交代：

「如果我七天後沒回來，那時，你就把這副臭皮囊燒了吧！」

現在七天還沒到啊。

怎麼辦？

怎麼辦？

弟子祈求上蒼：「老天爺啊，請保佑母親病情不要惡化，我守完七天，一定馬上趕回去。」

然而，老天爺大概沒聽見他的祈求。守到第六天，鄰人傳來訊息，他母親病情加重，隨時可能去見閻王。

弟子急如熱鍋上的螞蟻，實在沒辦法再等下去：「明天就是第七天，說不定師父早已成仙，不會再回來了。」

「師父已經成仙」的念頭一起，愈發擋不住。

於是，這弟子堆好木柴，把師父的身體放上去，燃上火，默默的祈禱說：「師父啊，請原諒弟子無法堅持到第七天，您如果回來，千萬要體諒弟子的孝心，不要責怪弟子啊。」

大火熊熊，李鐵拐的軀殼燒成灰燼，他的弟子也匆匆忙忙的趕回家去了。

隔天是第七天，李鐵拐的靈魂回到山洞裡，找來找去卻找不到他的軀體。

李鐵拐心慌了，靈魂東飄西盪，轉眼就快子夜了：「再不找個身體來附身，我要變成孤魂野鬼了。」

好不容易，李凝陽在樹林裡找到一具死屍，仔細一看，這具屍體容貌難看，衣衫不整，披頭散髮，還有一隻腳是跛的！

如果有更好的選擇，誰願意變成跛腳的人呢？李鐵拐再不甘心，也只好「住」了進去。

面貌醜陋的「李鐵拐」復活了，他氣得想去找徒弟算帳，老子卻警告他：「你這麼看重容貌，還怎麼成仙呢？」

「但是，也沒這麼醜的神仙啊。」

老子搖搖頭：「怎麼沒有？你就是第一位啊！」

「哈哈，說得有理，我就當第一位醜神仙吧。」

從此，他不以相貌醜陋看輕自己，反而廣積功德，終於修道成仙，成為有名的八仙之一。

倒騎著驢子遊四海——張果老

張果老是道家八仙之一，史書記載，唐朝時恆州中條山上，真有個道士名叫張果老，自稱活了好幾百歲，人們都說他是活神仙。

神仙不同於凡人，唐朝的皇帝多次召他進宮，張果老卻連理都不理。後來，唐朝女皇武則天特別派人去找他，這下躲不過了吧？

使臣來到中條山，沿途就聽人在講：「張果老死了。」

「死了？那就不是神仙啊。」使臣把消息傳回洛陽，女皇不找他了，張果老卻又騎著毛驢，悠哉的出現在中條山裡。

大家對張果老印象最深的，應該是他喜歡倒騎著驢子。張果老的驢子日行幾萬里，休息時，他把驢子摺起來，像摺紙一樣放進袋子裡，想騎時，只要把牠拿出來，噴一下水，紙驢子就變成真驢子了。

唉呀，這個法術真好！現代人沒地方好停車，若有張果老這功夫，城裡再也不怕沒地方停車了。

言歸正傳，張果老為什麼要倒騎驢呢？

想當年，張果老還是個小和尚，跟著老師父在山裡修行。師父修行，張果老負責照顧師父，為他劈柴、擔水、做雜活。

這天晚上，張果老挑了幾桶水，終於裝滿了水缸。沒想到第二天一早，水缸竟然空空如也，老和尚很生氣，罵他偷懶不工作，張果老被罵完覺得冤，他明明把水裝滿的呀。

水消失得莫名其妙，人也被罵得莫名其妙。莫名其妙的張果老，只好重新把水裝滿，裝得一肚子火呀。

結果，再隔天，裝滿的水又神奇的消失了。

水缸沒有破，寺廟裡的和尚沒人半夜偷喝水，那水去哪兒了呢？

倒楣的張果老又被師父痛罵一頓。那天，張果老把水裝滿後，決定不睡覺，盯著水缸，決心弄個水落石出。

等呀等呀，月亮悄悄的出來了。

等呀等呀，月光下，竟然跑進來兩個全身光溜溜的小孩。他們哪兒也不去，直奔水缸，探頭進去，張嘴就喝。張果老想捉，沒想到他們就像月光般，瞬間不見人影。

「師父、師父，有人偷喝水呀。」

張果老的話，讓老師父聽得半信半疑：「好吧，今天你照舊把水裝滿，我們半夜裡再來看看。」

這天夜裡，兩個不穿衣服的小孩又來了。老和尚也有準備，他手裡有根鋼針，針上穿了一條長長的紅絲線，趁著小孩探頭喝水時，老和尚悄悄把鋼針扎進小孩的光屁股上。

小孩都怕打針，兩個小孩也一樣，鋼針一扎下去，「哇」的一聲哭了，轉身就跑。

跑得了小孩，跑不了紅線。老和尚領著張果老順紅線尋找，找到了廟外深山裡，紅線直往地裡鑽。張果老用手挖呀挖，竟然挖出兩條千年老人參。

「帶回去，用火煮熟了。」

「師父，這人參要做什麼用？」

「天機不可洩露，好好顧著火啊。」

老和尚說完，背著手走了。張果老那時年紀小，大半夜追人參夠累了，這會兒還要看火。煮著煮著，唉呀，人參熟了。煮著煮著，人參的香氣直朝張果老而來。張果老那時還不老，正在長大的年紀，肚子咕嚕咕嚕叫。這一叫，真餓啦，偷偷打開鍋蓋，偷偷咬了一小口。哇！味道鮮美。這一咬，不得了，肚子裡的饞蟲好像在叫他：「吃吧，吃吧。」

本來只想吃一口，這下子吃了兩口，然後一根，最後兩根。

吃完了，這才想起來，糟啦，師父千交代萬交代「不能吃」，想起老師父罵人的模樣，張果老愈想愈怕，乾脆跑了吧。

走出廟門，看見廟前樹上拴了一頭毛驢，回頭把鍋子裡剩的人參湯全給驢子喝了，騎上驢背，朝著東方逃去。

只是，他怕老和尚追來，就倒騎著驢子往後看。

人們都說，張果老食了千年人參成神仙，那頭毛驢喝了湯水也成為神驢，從此張果老就倒騎毛驢遨遊四海了。

一頓黃粱飯看破紅塵——呂洞賓

呂洞賓是唐朝人，從小熟讀經史，學識淵博。奇怪的是，他參加考試卻屢試屢敗，直到四十六歲才中進士。年紀這麼大才成為進士，他一時間有點猶豫，本來以為再也沒希望當官，本來想要開始去山裡修道的，這下子……

究竟是去當官，還是歸隱田園，修道練法呢？

放了榜，呂洞賓很開心，那份欣喜要跟誰說呢？

他開心的在長安城裡大步走，東城逛來去西城，突然天空下起大雨。他沒帶雨具，幸好路旁有間破廟，他便進廟避雨。

和他同去避雨的，是個長相瀟灑的道士。這道士名叫鍾離權，學問很好，兩人一聊就聊到天都黑了。

「呂生，不如留下來一起用餐吧。」

「那真是太好了！我們可以吃完繼續聊。」呂洞賓說。

「不過，你先歇歇，我來煮飯。」

「行行行，你煮飯，我還有本書沒看完呢。」

鍾離權煮飯，呂洞賓讀書，或許是太累了，呂洞賓竟然睡著。

這一覺，呂洞賓做了個夢。他夢見自己又進京趕考了，這回他中了狀元，皇宮為他舉辦宴會，在眾人簇擁下騎馬遊街。宰相將女兒嫁給他，為他連生了八個兒子，每個兒子都入朝為官。他自己也一路高升，最後成了一人之下、萬人之上的宰相。

豪華的屋子，美麗的妻子，有成就的兒子，官運更是一飛衝天。

人生至此，風光無限。

好景不常的是，有一天上朝時，他竟然惹皇帝生氣，被判了個抄家問斬的大罪。

呂洞賓被綁上刑場，正感慨人生無常，只覺得脖子上一涼，劊子手大刀一揮，他看著自己的頭滾落在地上，嚇出一身冷汗。一睜眼，四周昏昏暗暗的，他有些不適應。啊，他想起來了，自己是在破廟裡，空氣裡還有黃粱飯的香氣。

啊，黃粱飯熟了。

啊，這才想起來，自己在破廟裡睡了個覺。

原來只是個夢。

鍾離權笑著向他眨眨眼：「黃粱猶未熟，一夢到華胥。人一生的榮華富貴、到頭來，也不過是一場夢罷了。」

「道長連我夢裡的事也知曉，果真是神仙下凡！」呂洞賓這時終於下定決心：「人間功名利祿，轉眼成空，弟子願潛心跟著道長學道。」

「你的意志還不夠堅定，這輩子難以成仙，下輩子再說吧。」鍾離權說完，也不等呂洞賓回答，竟然就消失得無影無蹤了。

「看著活神仙消失，呂洞賓應該打消念頭了吧？」隱身在一旁的鍾離權想。

沒想到，呂洞賓卻真的認真修道練法，即使鍾離權不斷的考驗，他也都一一通過。最後，鍾離權收了呂洞賓為徒，在他的指點下，呂洞賓得道成仙，被奉為「純陽祖師」。

至於鍾離權，他其實是八仙裡的漢鍾離，他的故事……就在下一則，趕快來看看吧。

被小人逼成仙的大將軍——漢鍾離

有這樣一個男人：長相俊秀，卻梳著和小孩一樣的兩個髮髻；身材粗壯魁梧，卻每天坦胸露腹；不管天氣寒暑都搖著一把芭蕉扇，夏天天熱可以理解，冬天呢，難道還嫌北風不夠冷嗎？

這樣的男人也是八仙之一哦，他是鍾離權。

鍾離權是漢朝人，他出生那天，有個巨人來到他家中，自稱為天上大神。剎時間，他家冒出一陣強光，光度就像熊熊的大火，照得滿屋通紅，然後鍾離權就出生了。

別人一出生，是個紅通通的小寶寶。鍾離權一出生，卻像個三歲「老」孩子，而且不聲、不響、不哭、不吃，出生第七天就開口和家人說起話來了。

七天就會說話，很神吧！這麼神的孩子長大後，成了漢朝一員守邊大將。

鍾離權是個稱職的將軍，不管守在什麼地方，都讓敵人膽顫心驚；如果領兵出擊，再強的敵人總被他殺得落荒而逃。

於是，他的將軍愈做愈大，領的士兵愈來愈多。

這一年，邊關告急，說有來敵進犯，皇上再派他率兵出戰。

「愛卿，朕等你的好消息呀。」皇帝盼望著。

「哼！再讓他打勝仗還得了。」朝廷裡的奸臣心裡盤算著。小人自己沒本事，都怕別人本事比自己高，看見有本領的人，嫉妒和恨意會讓他們做出無限瘋狂的事。

所以，見不得鍾離權好。

所以，交派給他的士兵，竟然是兩萬名老弱病殘兵。

再厲害的將軍，帶這樣的士兵去打仗，結果可想而知。鍾離權一和敵人交上手，馬上被打敗。

作戰失利那一晚，鍾離權滿心惆悵，漫無目的的走在邊關一帶，內心對當官這件事已經死心。這時候，前方忽然來了一個人，長相醜陋，手撐鐵拐。你應該猜出來了，沒錯，是李鐵拐。

「你還打仗？」

「不打了，你看，一場仗死了這麼多部下！」鍾離權搖搖頭。

「還回去朝廷嗎？」

「不回去了，回去還要看那些奸臣的嘴臉。」鍾離權嘆口氣。

「你有什麼打算呢？」

「我啊？」鍾離權看看李鐵拐，天地這麼大，他一時還真想不到：「真不知道該上哪兒去。」

「那跟我來吧！」

這一代大將軍，跟著李鐵拐走進深山，開始修練道法。李鐵拐傳授他長生真訣、金丹火候，以及青龍劍法，從此進入仙家行列。

而因為他來自漢朝，後來也被人尊稱為「漢鍾離」。

從小立志當神仙——韓湘子

韓湘子是八仙中長得最帥的，英俊瀟灑，手持一把玉簫。

他也是唐朝大文學家韓愈的姪子，雖然叔父當了大官，但韓湘子的父親早逝，只靠母親接針線活養家。家裡窮，母親對孩子的期望卻很高，再苦都要籌錢供他讀書。

照理說，母親這麼辛苦，孩子應該會很爭氣。偏偏韓湘子不讀書，整天遊盪，讓母親十分苦惱。

叔父韓愈看不過去，勸他多讀點書，韓湘子卻說：「我和你的志向不同，世間的功名利祿，我沒興趣。」

韓愈搖搖頭，苦笑的問：既然不想功名利祿，那志向是什麼？

「當神仙。」

韓愈幾乎快昏倒了，一個有為年輕人，不想讀書考試當大官，卻一心想去當什麼神仙，譏問他：「神仙那麼好當？想當就能當得了？」

「沒錯啊，我從幾年前就跟著呂洞賓學道法了，只要我認真，一定可以的。」

他順手寫了一首詩要送韓愈，什麼「雲横秦嶺家何在，雪擁藍關馬不前」的，韓愈是大文學家，姪兒寫的詩他也是隨手一放。這場見面落得不歡而散，彼此不再往來。

不久，一向官運不錯的韓愈，因為勸戒皇帝不要太迷信，結果被貶官了。古代貶官很可怕，要從繁華的京城去「雞不生蛋、鳥不拉屎」的地方。

韓愈更可憐，他得在隆冬十二月出發。他走到半路，遇上大風雪，馬車陷在積雪裡動彈不得。古代又和現在不同，車上沒有保暖裝備，這樣凍一夜，車上的人全都會變成棒棒冰。

就在大家無計可施之際，竟然有個人冒雪前來。韓愈仔細一看，原來是久未碰面的韓湘子。

韓湘子見了他，問：「叔父，可記得之前我寫的詩『雲橫秦嶺家何在，雪擁藍關馬不前』？」

「怎麼了？」

韓湘子笑說：「叔父，這裡就是藍關啊。」

韓愈這才相信韓湘子真有些本事，最後還跟著韓湘子學道了呢。

山谷中飛翔的奇蹟隊長——何仙姑

八仙裡，唯一的女性是何仙姑。她出生在富裕的家庭，從小不愁吃穿，跟著父親做公益，四處幫助窮人，因此培養出一副好心腸，隨時隨地關心困苦的人。

何仙姑出生時，頭上有六根閃閃發亮的金毛。她比一般孩子聰明，也比一般孩子用功，何爸爸最感嘆的一句話就是：

「可惜，要是個男孩，就能進京赴考，求功名來光宗耀祖。」

「父親大人，我讀書是因為我喜歡，而不是為了考試讀書呀。」年紀小小的何仙姑，說話很有見地，要是給不愛讀書的孩子聽了，不知道會怎樣？

神奇的事，發生在晚上。她夢見自己走進仙境，遇見一位神仙，這神仙跟她說：

「姑娘，妳有當神仙的資質，只要妳每天服下雲母粉，不久就可以身輕如燕，羽化升天成為仙人。」

雲母石是山裡一種石頭，神仙讓你把石頭磨成粉，然後吃下肚。嗯，如果是你，夢見有人叫你去找塊石頭啃，你會去嗎？

你一定搖搖頭說「不要」。

對，這種沒有經過臨床實驗的藥品，還是少吃為妙。

然而那時不像現在，有各式各樣的醫學機構能請教。何仙姑醒來後，覺得人世間只有怨忿與爭奪，回想起仙境裡的優閒與和氣，她真心喜歡仙境，所以就天天啃石頭，啊，不是，是天天服用雲母粉，吃素打坐。

過了幾年，她長大了，該嫁人了。父母催她，她總是說：「我不嫁人，我只想專心修道。」

這個一心想成仙的姑娘，遇到一直想抱孫子的父母。

父母一直幫她相親，她就更努力的吃素打坐修禪。

沒多久，咦，她沒嫁人，但是她的身體變輕了，輕得簡直像羽毛，能在空中飛。那樣子，簡直像神仙般！附近的人常常看見空中出現「奇蹟隊長」，飛翔在山谷之中。

直到有一天，她一早離家，晚上回來時，摘了好多鮮果，說是要送給爸媽嘗。

這些水果，又香又甜，凡間從沒見過，原來這是她去天庭裡摘回來的。

嗯，讀到這裡有沒有覺得奇怪——天庭的水果人人都能去摘嗎？

想想當年，孫悟空偷吃了蟠桃，結果鎮在五行山下五百年。

那何仙姑……

何仙姑那時已經成仙了，只有神仙才能自由出入天庭，摘水果回家也沒問題。

她的名氣漸漸傳開，連唐朝女皇帝武則天也知道她的神通，派人迎接她，想讓她到皇宮裡作客。

尋常人聽到皇帝來邀約，一定迫不及待的趕去。

何仙姑婉拒了，但武則天是個有毅力的皇帝，她的使者不斷到何仙姑家，一次、十次、百次。

別說何仙姑受不了，連何爸爸、何媽媽也受不了啊。

「好吧，我就去走走吧。」

照何仙姑平時的交通方式，她應該直接飛過去，但使者是凡人，還不會飛，她只好坐上馬車，前往皇宮。

馬車走到半路，大家正想問她中午吃什麼，問了老半天，沒人回答，揭開簾子一看，車裡空空如也。從此，她再也沒出現在人間了。

大義滅親的難言之痛——曹國舅

曹國舅是宋朝皇太后的弟弟，他是皇親國戚，按照他的官職，可以榮華富貴一輩子，住華樓，享美食。但是曹國舅不是普通的國舅，他生性淡泊，不喜歡與人爭名奪利，即使只吃粗茶淡飯，也是開開心心。

曹國舅白天處理政事，晚上回家讀書。他的弟弟小國舅不一樣，小國舅喜歡抬著國舅名號，四處魚肉百姓，仗勢欺人，一般官員都怕他三分，沒人敢說他不是。

曹國舅知道弟弟的惡形惡狀，不斷告誡他：他們兄弟有今天的地位，完全是託了姊姊當上皇后的福氣，平時要謹言慎行，怎麼能為所欲為呢？

弟弟聽了，嘴裡說「知道了、知道了」，但哥哥一轉身，他欺負人的老毛病又犯了，一溜煙就去街上喝酒。

小國舅這回喝得酩酊大醉，他酒品又不好，醉了不肯回去睡覺，反而在酒樓裡大吵大鬧。結果和其他酒客起衝突，一不小心，失手打死了人。

在古代，「國舅」是很大很大的官。

在古代，就算是縣太爺，也不敢動小國舅一根汗毛。

小國舅雖然被關在牢裡，但是吃得好、穿得好，還有獄卒替他泡茶、捶背。

曹國舅一聽，立刻衝進縣府衙門，指著縣太爺說：

「皇帝若犯了罪，也要受法律制裁，你身為父母官，怎麼可以不按律法來審判呢？」

縣太爺聽了曹國舅的話，這才壯起膽子，依著律法把小國舅斬首。

老百姓知道這件事之後，都非常敬佩曹國舅。

曹國舅卻很傷心。他大義滅親，但對弟弟有難言之痛，最後乾脆向皇上請辭，到山裡隱居修道，最後也成了八仙之一。

城裡最特別的一抹風景——藍采和

藍采和在八仙裡年紀最小。

他成天在城裡進進出出，看起來瘋瘋癲癲，為人隨和，老老少少都能和他稱兄道弟。奇怪的是，當年一起玩耍的小朋友都成了老公公，藍采和卻還是像當年一樣年輕。

歲月，彷彿從沒在他身上留下痕跡。

藍采和衣服破破爛爛，腰間有條黑木頭雕成的官帶，他一隻腳穿鞋，另一隻卻打著赤腳。冬天時，藍采和穿著短衣躺在草地上睡覺，也沒人見他感冒；他夏天穿棉襖大衣，卻沒見他滴過汗。

城裡人對他的印象：知道他愛喝酒，喝醉了，就拿著響板唱歌，想唱什麼就唱什麼，他的歌聲好聽，不管老少都喜歡聽他唱歌。

「再來一首！」

「再來一首！」

也有人聽完了，想跟著哼，奇怪了，明明很好聽的歌卻哼不出來。

也有人想記，所以問旁人：「剛剛藍采和唱了什麼曲子呀？」

這話一問，圍觀的人你看看我、我看看你，竟然沒人想得出來他唱了什麼。

奇妙的是，雖然聽不懂他唱什麼歌，卻能在他歌聲裡，感受到他的快樂。跟他講話，他的回答總帶有高深莫測的仙氣，很吸引人跟他親近。

唱完歌了，有人給錢讓他買件好衣服穿。藍采和呢，笑嘻嘻的用繩子把錢串成一長串，然後大搖大擺的拖著那串錢走。

繩子斷了，錢滾了一地，他不撿。

沒滾走的錢，他隨手就送窮人。

還剩的錢怎麼辦？藍采和就買酒請大家陪他喝。

「錢是身外之物，生不帶來，死不帶去，何必計較！」

他經常缺錢，卻能雲遊四方，逍遙自在。

藍采和是城裡最特別的一抹風景，人們都習慣了的。

然而，那天，藍采和在酒樓喝酒時，忽然聽到一陣悅耳的歌聲，天空中有隻白鶴飛下來。藍采和看了哈哈大笑，向四周的人說：「我的時間到了！」

「又在說瘋話了？」有人問。

「是你要喝酒的時間到了嗎？」也有人問。

藍采和擺擺手，笑著騎上白鶴。咦，那隻輕巧的白鶴拍拍翅膀，竟然帶著瘋瘋癲癲的藍采和升上天。不久，空中掉下黑木官帶、鞋子和響板，人們撿起來一看，都是藍采和的。但是等到白鶴飛到看不見的時候，這些東西也跟著都消失了。

後來，城裡再也見不到藍采和。但偶爾，還是有人聽見他的歌聲，雖然聽不懂，卻讓人聽了心情愉悅。

只有神仙才有這種能耐，不是嗎？

小麥田

故事館 86

給孩子的中國神話故事（下）

嘩！乒乒乓乓！仙界大作戰

作　　者　王文華
插　　畫　九　子
封面·內頁設計　黃鳳君
特約編輯　吳毓珍

國際版權　吳玲緯
行　　銷　闕志勳 吳宇軒 余一霞
業　　務　李再星 李振東 陳美燕
副總編輯　巫維珍
編輯總監　劉麗真
事業群總經理　謝至平
發 行 人　何飛鵬
出　　版　小麥田出版
115 台北市南港區昆陽街 16 號 4 樓
電話：(02)2500-0888
傳真：(02)2500-1951
發　　行　英屬蓋曼群島商家庭傳媒股份有限公司
城邦分公司
115 台北市南港區昆陽街 16 號 8 樓
網址：http://www.cite.com.tw
客服專線：(02)2500-7718｜2500-7719
24 小時傳真專線：(02)2500-1990｜2500-1991
服務時間：週一至週五 09:30-12:00｜13:30-17:00
劃撥帳號：19863813　戶名：書虫股份有限公司
讀者服務信箱：service@readingclub.com.tw
香港發行所　城邦（香港）出版集團有限公司
香港九龍土瓜灣土瓜灣道 86 號順聯工業大廈 6 樓 A 室
電話：+852-2508-6231
傳真：+852-2578-9337
馬新發行所　城邦（馬新）出版集團 Cite(M) Sdn. Bhd
41-3, Jalan Radin Anum, Bandar Baru Sri Petaling,
57000 Kuala Lumpur, Malaysia.
電話：+6(03)-9056-3833
傳真：+6(03)-9057-6622
電郵：services@cite.my
麥田部落格　http:// ryefield.pixnet.net
印　　刷　漾格科技股份有限公司
初　　版　2020 年 8 月
初版三刷　2024 年 5 月
售　　價　349 元

ISBN 978-986-344-786-3

國家圖書館出版品預行編目資料

給孩子的中國神話故事 . 下：嘩！乒乒乓乓！仙界大作戰 / 王文華著；九子繪 . -- 初版 . -- 臺北市：麥田出版：家庭傳媒城邦分公司發行，2020.08
面；公分 . --（小麥田故事館；86）
ISBN 978-986-344-786-3(平裝)
1. 中國神話

282　109008205